はじめに

2019年12月19日AM2:50。
わたしのパートナーであるイノマーが命を使いきってこの世を旅立ちました。
命が終わる瞬間は、テレビ東京「家、ついて行ってイイですか?」で放送され、たくさんの人にイノマーの生きた証を見届けてもらいました。

その番組の中で取り上げてもらった、イノマーが闘病中に書いていた日記を書籍化することになりました。
この日記は、ガンが発覚した2018年7月18日から亡くなる1ヶ月前までの記録です。
日記を書き始めた時に「オレが死んだら、ヒロちゃん出版よろしくね!」と笑いながら言いました。その最後の願いを叶えるのに3年かかりました。

書籍化するには二人で過ごした濃厚な日々と向き合う必要がありました。
愛おしくも強烈な思い出を何度も掘りかえす作業は、つらく苦しいものでした。
ひとりになってからもまだ、わたしの中では物語が続いていたし、終わらせたくなかった。
でも、ちゃんと「イノマー&ヒロ物語」を終わらせないと自分の人生が動き出さないような気がした。

お葬式が終わったあと、イノマーがいない世界で、これからどうやって生きていけばいいのかわからず途方に暮れていました。
そんな時、部屋を片付けていたら、イノマーが書いたノートや日記などがたくさん出てきました。
文章の中でイノマーは生き続けていて、残してくれた言葉がわたしをこの世に引き止めてくれました。

闘病日記を書いていることは知っていたけれど、初めて読んだのは2020年の元旦。
イノマーがいなくなって1週間後のことでした。救いを求めるように日記を開きました。

日記を読むことで、イノマーと対話しているような、あたたかく不思議な感覚になった。

闘病中は、余裕がなくて優しくできなかったことがずっと心残りでした。
不安、苛立ち、悲しみを本人にぶつけてしまったこともあった。優しくしたいけど、できないことが苦しかった。
でも、お互い葛藤を抱えて過ごし、同じ気持ちでいたんだと知ることができて、心が楽になった。ようやく自分で自分をゆるしてあげることができた。
そして、恥ずかしがり屋だった彼が、わたしに向けて真っ直ぐな思いを書いてくれていたことが、なによりうれしかった。彼らしい愛情表現に思わず笑った。

気遣いで優しすぎた彼は、弱みを見せず自分の気持ちをほとんど言わない（言えない）人でした。唯一、文章の中で本音を吐き出していたんだろうなと思います。

イノマーを体現しているかのような強いクセ字のままを本にしました。
クセが強すぎて読みづらい部分もあるかもしれません。
でも、そういう人間だったと想像しながら読んでもらえると、イノマーという人がどんなだったか感じてもらえるんじゃないかなと思います。

この日記には、イノマーの "生きることへの愛" がたくさん詰まっています。
生きること、死ぬこと、食べること、友だちのこと、音楽のこと、歌うこと、愛すること……

わたしは彼から生きることを教えてもらいました。

日記を読んで救われて、これからは自分の人生を生きていこうと思えるようになりました。

イノマーがわたしを生かし続けてくれたように、この本があなたの生きる力になればいいなと思っています。

2022年12月

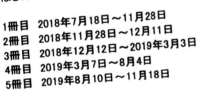

目次

●本書は、著者の 2018 年から 2019 年までの日記を編集のうえ書籍化したものです。

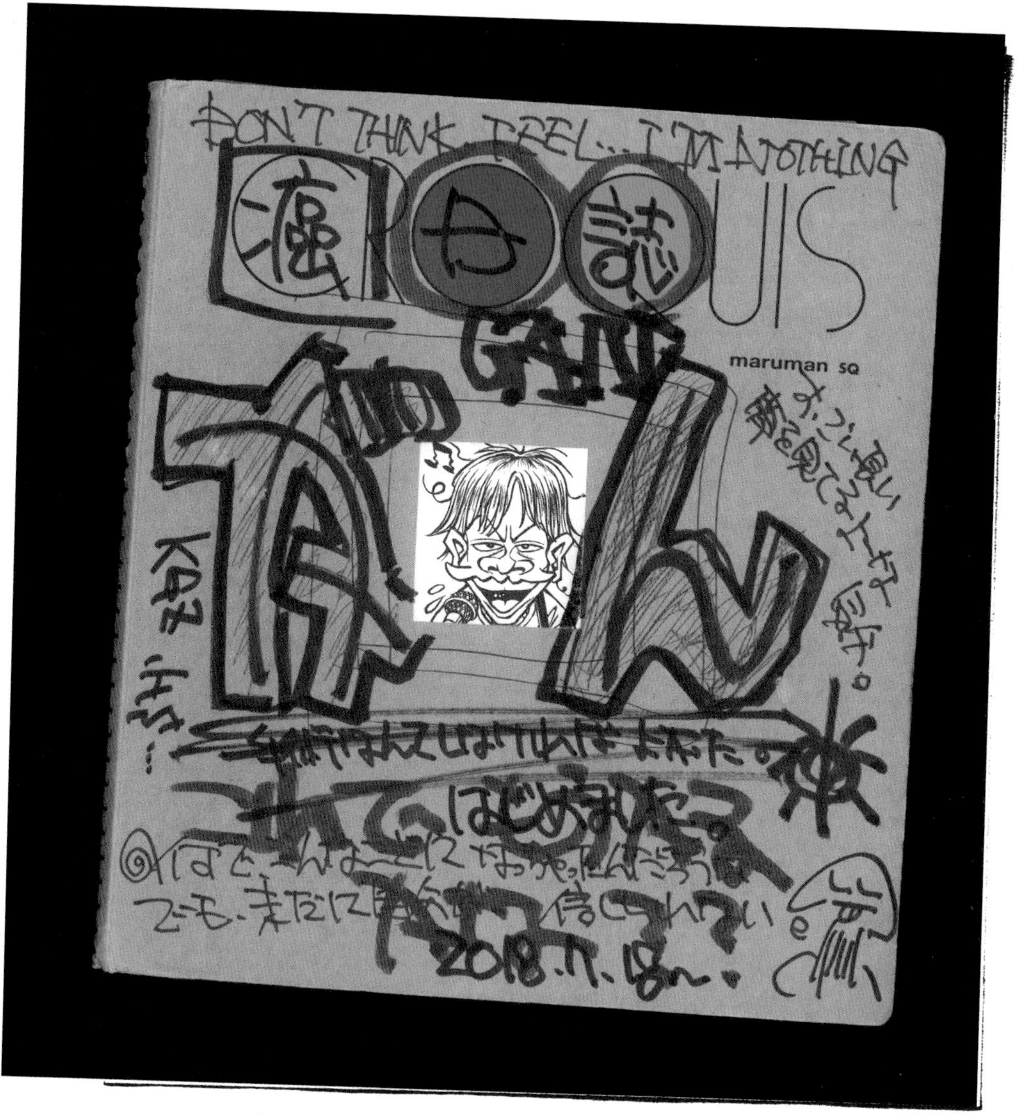
DON'T THINK FEEL... I'M NOTHING
maruman SQ
はじめました
2018.11.

7/18（木）　　　退院
　　　　　　　　セラちゃん、あいなと＆
　　　　　　　　ごめん。

◎癌を宣告される。
のどのガン。ふうむ…。

これからどーなっちゃうんだろ？
不安しかない。ネタにする
しかないけど。誤診であって
欲しい。寝て起きて、癌
じゃなかった、と落ち込む。
誰から話そう？　　まずは LOFT RECORDS
　　　　　　　　　とエンジニア、コバさん。

11/19(木)
◎ 朝起きて、ガンを受け入れ
られない自分がいる。
ジュアルのLINE「気にしないで
下さい！」と。死なねーよ。

◎ だって2日目…慣れないや。
メンバーにメールをする。
○○はセンター。
今日○○○○○(？)7名。
どう、行くか…。

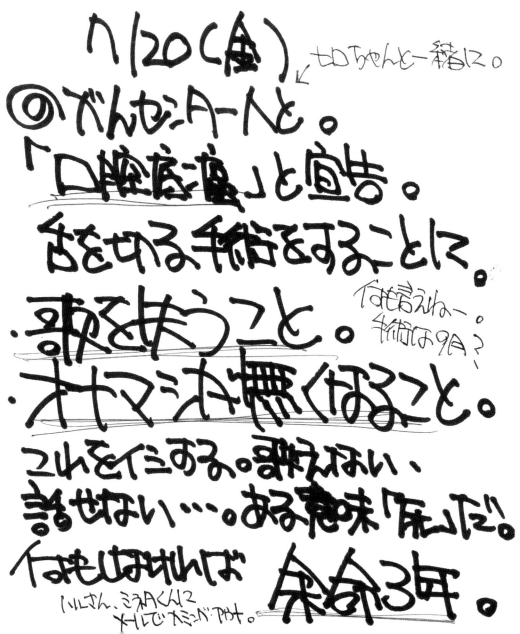

７/２０（金）　←セロちゃんと一緒に。

◎ せんせい二人と。

「口腔底癌」と宣告。

舌を切る手術をすることに。

（なも言えねー。手術は9月？）

・歌を失うこと。

・オシャベリも無くなること。

これを行進する。歌えない、

話せない…。ある意味「死んだ」!

（なもしなければ）　余命3年。

（ハルさん、ミネオくんに　メールでカミングアウト。）

へ/2/（土）村ニーの母。

⊙やっぱ、朝起きてしんどい。
ガンなんで、ウソだろ…。

・午前中、こん人には、とう
人たちにガンであるとLINE
で知らせる。つらい作業。

→自分がガンであることを
改めて。みんなの言葉・声が
有難と後悔…申し訳ない。

…生きる。

ヘ/22(日)　　セロちゃんはさびしい。

①比津1幡宮へと。手術成功
しますよーに、と。セロちゃんに
連れてないてる AMに3♡ !!
彼女いばいと、オレはダメ。

本17:00 ゲストライブ ○○に出演。
オカマシw姿なり。メンバー&スタッフ？
手術後は歌えなくなる、と言する。
みんなリアクション薄。
リアルじゃないのかも、未だ…。

せみんな
ご飯食べた。
yahoo ニュース
に載って、リア
クション。

音々やめこわい。

11/23(月)
◎ ひさしぶりにヒロちゃんと合体。
見れ度はしまなった。
... フェ... 気持ち良い。
恋人のおなじちばん！って
すばらしいことだ。
中出し、する…今はムリだな。

★ LOFT 桜さんとしにリン。
オールタイムベストのリリース記録。
やれることをやるしかない。
のどみ...とこまで、いつまで待つか…。

SEXた事だな。

チンポ...

7/24(火)
・西D耶R前の耳鼻さんと
行く。良いセンセー。
話を聞いてもらい落ち着く。
〜となりの歯医者さんにも
あいさつ。ホッ…。
車 世田谷区に医療者の件で
ＴＥＬをする。助けてくれる。
なんか みんな あいはてー。

7/25(水)
仮歯が痛れてしまい
歯医者へと(笑)。明日、
念たばかり。

·野沢フェス、(バンド足りなく
なった…)はぬ。こんなこと
考えてる場合じゃないのに。
ひって、言っちゃいけない。
○わがままになっちゃいけないこと！

7/26（木）
・めまいがする。ひどい。
去年、あんまり、めまいとは
無縁な人生だったのにな。
・嬉しい人からメールが入る。
Yahooニュースでねー。
みんなそれぞれの仕事。
「東京は向いてなかった」よ。
そんなこと言えない…。

7/27（金）
・明日は大きな台風が来るらしい。ベランダをブルーシートで囲う。ふるふる。

・オバンコらとしは来る。カゼひいてたとん。Rec.はヤレる人たちとやるしかない。あまり書んない。とにかく部室で書かみき。

7/28(土) 台風

⑨ アップ＆ダウン…
気分はいろいろ。↑↓けわらん。
手術やだし。こわいお。

・なんか渡した。ヤンなっちゃう。
この1週間…とんでもねー。
ガン、受け入れるの大変。

ヘ131（K）

こんなち1回目の夏を迎える
ことになるとは思てもみなかた。
ハードだな。アンみバカになん
ないといけない。 ケーパのかんかんたて、どくなってきた。

8/3(金)
◎ 日曜日はTONGと林ちゃんに
会えた。時間はすごいいな。
SATOから、モメール来たし。
流石はすごい。がんはスゴい。

◎ 8月もろ日、踊っちゃった。
明日からスタジオ入るまた。
現場復帰…そんな身命。
BAKA IS NOT DEAD!!
で きゃんくんたら(涙)。

8/4(土) 《セロちゃん おくって》

① 新宿マーブル

②「野郎だらけの育子大会」

オナマシン、キャンセルで出演しな
かった。Aキチで JETBOY！

③ むてはしいのにけせん
こぼんた…。
高田さんからもしなり。話す。
やっぱら落ち着く。
オイラには文責がある…な…。

8/7(水)
・さあもでいmtg。MVの撮影
なのだけけど、ち現場に
おじゃますることに。
ハードなスケジュールだ。
オレ、何やてんだろ？(笑)。
ガン見者て、こんなに
はしくてEのか？
ま、体力作りと考えんば。
寝てるよなマシな…。

8/22 (水)

・20、21とラジオRec作業。
◎オナニーマシーンとして、
イマー最後の歌入れが
終了した。20年のY(笑)。

最後に歌ったのは
「だいきの太鼓」だった。

さ、病院いかなきゃだ。

8/27(月) 車スポ。ありがとう。

25日の術前リストG待ち。

ワンマン④うつつか

終了した。

みんなの気持ち…

100万円越え。

スゲー。やばい。

~~手術日決定~~!!

◎9月5日(木)

あと、10日の。おしゃれ…
おしゃれぼんた。

9月1日（土）
つ、ついに9月に突入！×4
3(月)に入院、5(水)手術。
あとはもう知いねー。
ハルさん、エガちゃんから
メールが届いた。アハハ。
何年経っても、この2人だ。
あいかー。
今、大介、やるきゃない神

9月2日(日)

◎ ◯◯◯◯に入院。
やだ。スゲーやだよ。
ここに来て、何でこんな
ことになると（笑）。
◎ 1ヵ月以上も帰れな
いのか…。弱ったな。
無事に帰れますよーに。

☀️〇月3日(木) あめ〜くもり

熱に来た。病院なう。
X線スタート。嘘みたいな
ホンマの話。あいつの人生、
まじ○なってんだ？(笑)。

21時消灯って、ガチでみんな
寝るのね？ X線予定中…。

AND、あさってはお手術だー

9/3(月)　④【交流院】
オカザキ

つーか、寝れないよはは。

4人部屋、じーさんばば。

テンション下がる。静かだ。こんなもんか。

さすがにこのかんじには慣れないや。

21時だよ。経験、経験。

何こもみよりマジ。でもがっつは
ねーよはは(笑)。想定内だ。

BOXなんこと歌とかおかしい。

◎センセーの話を聞くとやっぱり
作農がしんどそうには…。

9/4(火) ×院2日目。

食べれるか？あきらめてはいない。
「食べる、手術」「などやる」
の　次、よく手術しているね
お薬の調整をくくりあげ
てきたからね。大大大。

さて、おりてみるのか？
TIマー走り出す。

9/13（木）

◎ 素晴らしい展望…
背景なんてしゅんでーよ。
ガンじゃなければ。

、9/2に入院、9/5に手術
そっから記憶あいまい。
連休明けの月曜日までは
人事ですらなかった。 ↑

⑨ICUで学んだね。
とにかく黙ってやっていること。
その精神が無いと人間なんて
やってはいけない。

⑩ まいろいろ大変から。

9/17 (月・祝)

悪夢は見なくなった。
悪いこと、不幸は全て
現実に含まれている。
ユメなんかじゃない。
◎ 今日で入院〜2週間。
ふぅむ。長くいる
とこじゃーない。 ↗

↘ 手術（9/5）〜 9/10
がいちばんヘビーだったな。

何回か生きることを
あきらめようか、みたいな
瞬間があった。
負けなくてよかった。
とにかく…
歌えるよーになりたい。

七しちゃんのママンが
病院に来てくれた。
申し訳ない。
2度目に会うのない
がん病院って…。

▷

世の中は小さな
あせないで 出来ている。

「なんにせよって
　えよった」　　　〈キキ
　　　　　　　　　　チャン

この言葉のイミはなん
になった人@じゃないと
いわらけない。

めう、なんとな〜くだけど
いわる気がする。

9/19(木) 23:50

今日も上手く寝れそうにない。
首まわりは戻らないと
ダメだろう。

やってよかった

○昨日・今日なら首藤のゴハン。
60%くらいしか食べてない
かも、だけど。

○俗称うけめて身地 洗ったー
。

9/20 (木)

・薬で2時間くらいは
寝れた。

・リハビリがんばる。でも、
歌えて30%だろうな。
弱気発言じゃなく、
前向現実的考え方。
↑月10の新たな%をトッピング
しないといけない。

9/21(金) AM 5:00

・ちと長く眠れた。
3〜4時間？ 良いこと。
細胞くんたちも喜こんでいる。

◎早く退院したい…。

9/21(金) 20:13
◎なーんにもしてない。
食べてるだけ。3食。
にしても、首が痛い。
固まってる。いつになったら
ラクになれるんだ？
がんというより、首の痛み。
あ、普通になりたい。
戻りたい、戻れない。

9/22(土) ☀ こらく

入院してから3度目の
土曜日。慣れないね。
全身シャワー浴びてない。
髪の毛、1回だけ。
← ナースさんにやってもらった。
・今日は3時間復習した。
首痛、しんどいやね…。

Q/22(土)　20:5分

涙水Tあい。何も特に…
こきげんをひさしぶりに。
そんくらい。ちゃんと寝れ
るよなあ？　強いクスリ
出してくれればEのに。
◎自次なので入院して
るのれ りれけなくなてきた

9/23(土)
病院でとなり合い
...の男性、25日で
退院とね。Eな。オイラは
もう少しかかりそうだ。

⑨ さて、今日コヨをODO
過こそう、ちゃんとしな
くちゃ、もったいない。

・相変らずの顔のはれ。

◎9/23(日) 20:31
看護師さんにジャンプ
してもらった―。

[メンの世界ってジブリの
世界と一緒のような気が
するのはなりしてだろう？

共通というか共有する
何かがあるはず。

9/24(木) AM4:47
────────────
◎ 我ら不在の中、イルマ万博。
果たして楽しめた？と思いつつ、
こういうときは流れに
任せるしかない、とも思う。
・みのる、ジンさん…
しみません。まさかね？
カッとは(笑)。
ようこそ(一デ。

⑨ 9/14(月・祝)
◎ 体調は日に日に
良くなる、ね。ガンバれ？

もう3週め だもん。
3週めの入院て 人生初。
でも、アッという間で 実感○
・ガンとの闘いは 長いん
だろう から ね。
◎ パンが 食べたい。

9/25(火)
ちとだけ寝れた。
しらセックス2錠デカい◎

◎今日は外出日で
午前中は渋谷
〜
やってきて、のどが突ろさぐ
ぬう…。

ちと頭痛い！

センセー m+ぢ

やっと(火)
の久しぶりのoff。
洗谷一。のどに穴
あいてヒーヒーいてんに、
生きるって矯。
顔2倍にはれてるし…
誰にも会いたくない。

9/25 (火) あめまー
渋谷から
帰ってきたー。時間には
いあったけどすぐに帰って
きたというのは、大分
病人ということなのだろう。
病院が落ちつく。
結局人が渋谷が恐い。

9/25(木)　BUST゛

首の皮をぬう。思てたよりよ
に痛かった。センセーたち
はかられた経験ないんか？

セカオワとーセンセーで
mtg。

10/1(木)退院!!

ま、一時帰宅にだけど。
おれては気合だーー。

9/26(木)
・久々に宿.寝れた。
ここがどこだか分からず、
ショートの前日。2〜3度、
ドアから落ちる。
リラックス、痛み止め、
おいけん薬…Too Much
のせいだと思う。
ツバで、クスリ飲みにくい。

4/26(木)AM ~~6~~:00

今日は…　[2に15]

特に有休。コインランドリー、
ニッキAM。ちと体調
悪かったね。

大腸粘膜が快適になり
つつある。すいことA？
現実の元が厳しそうだ。

①12/1(木)
寝れやみなった。閉じたのど
奥がハンパよく痛む。
ロキソニンじゃムリ…。

車を待つ、ひたすら待つ。
(AM)歯医者～放射線～歯
なぜか、歯を抜かれる(笑)。

言う話コミ　切
ろ人で…

9/28（金）

採血（宜）、CT.

血液… 栄養師

に出して 工甲になりて。

あ、件む願む…。

な嬢気は人に気分

[◎◎になりたいのなら]

ろ直くなること。

9/28(金)20:18
ルルルル自玉んな工丑。
相変わらず寝ては呆けた。
また他人のベッドへと侵入(笑)。
クスリMIXで飲みすぎ。

栄養日Tmtg→歯科→
放射線系→心理(ココロ)→穴
↳デスマスクみたいの作った。
苦しかった。息できない。
ガンの治療、やはりこれからだ。

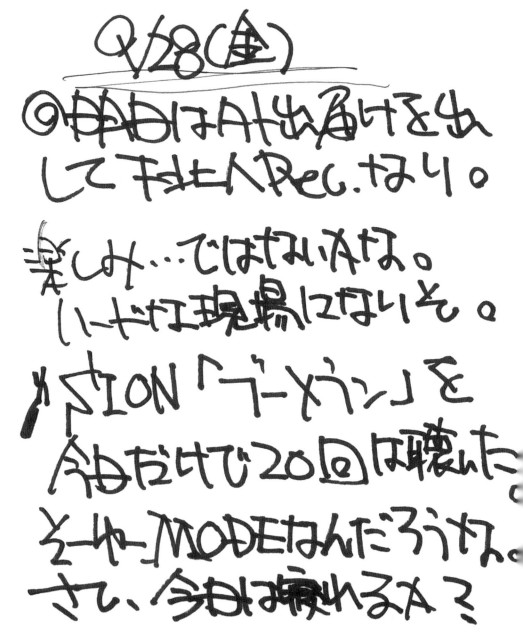

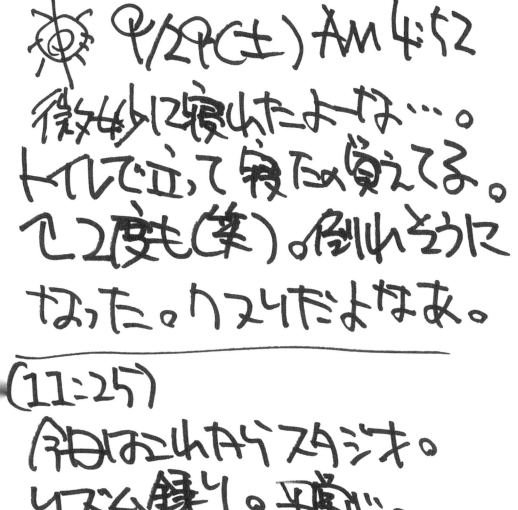

※ 4/29(土) AM 4:52
後少しに寝れたよな…。
トイレで立って寝たの覚えてる。
て2度も(笑)。倒れそうに
なった。クスリだよなあ。
___

(11:25)
今日はこれからスタジオ。
リズム録り。平常心。
隙やれた。

9/29(土)[STUDIOへと]

◎でも、まー、ここまで来たん
だよね。複雑な気分。
もう、オイラには歌うことのでき
ない、再現不可能な曲の
集まったアルバム。(何だそれ!?

◎イケないアルバムになったな。
やっぱり、歌いたいや…。
悔しいな。こんな気持ち、
誰にもわからないだろうな。
せっかく作ったのに歌えない。

9/30（木）⊖ B

〈退院前日〉AM5:33

◎ 明日はTHANDY'S

で曲録り。さすがの全曲

Rec. !! ガンガンやるね。

ちみえ楽しみた。

久々のバンドマン.モード。

曲もぐっとよくなった。

9/30(日)AM らーゆ

◎ま、今日はゆっくり。
明日はPー00に
れんたくん来てくれると、
助かる。カンがんもん？
◎あ、そう、明日はまるちゃん
な一車で送り迎え。
LOFT大森さんもSt.に…。1

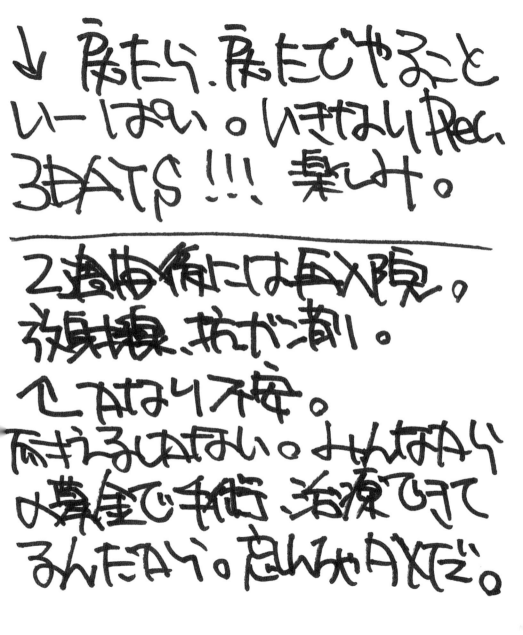

↓ 病んだら、病んだでやること
いーぱい。いきなりRec.
3BEATS!!! 楽しみ。

―――――――――――――

2週間後には再入院。
放射線、抗がん剤。
↑ てなり不安。
何きろじゃない。みんなから
↓募金で手術、治療でうけて
るんだから。危んじゃダメだ。

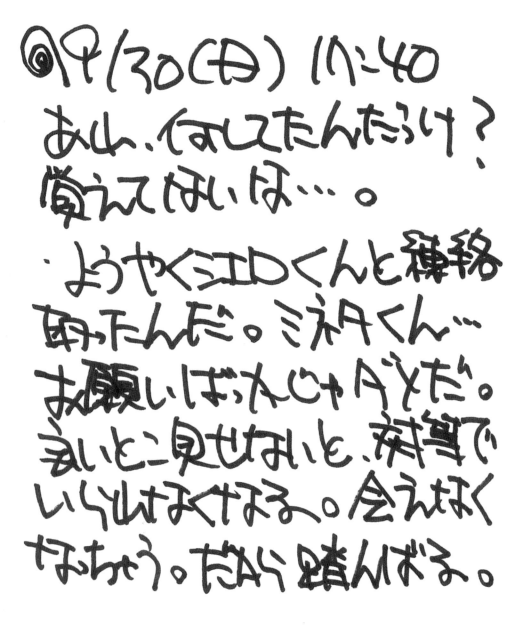

◎P(30(日)) 17=40
あれ、はなしたんだっけ？
覚えてないは…。
・ようやくエロくんと連絡
取ったんだ。ミネタくん…
お願いばっかじゃダメだ。
いいとこ見せないと、対等で
いられなくなる。会えなく
なっちゃう。だから踏んばる。

→「ミネタくんにはな言われ
て「うるせーよ、バカやろー！」
って言わなくなったら終わりだ。
"親友情"。とめために…。

⌐ オタニ…ベラフティ凸
よき作品にしないと。
また離れる。もともと
よくなれる。オオマシの
集大成となる冗盤完成外。

9/30 (金) 台風 has come

・ポッキー ・板チョコ ・アーモンドグリコ
・おにぎり ・サンドイッチ
・バームクーヘン ・塩味せんべい
・スポンジケーキ ・おっとっと

AYだった。

◯月◯日から10日。仮出所。
期間限定。一時通院。

まずはヨシとする、な。

※ 10/12(金)② 環セカウント

夜逃院中。10/1〜。
10/11までやんで、あと5日。
Rec. してたからずっといつ⑮
だった。病院、戻りたくねー
なー。なう 19:07。あと
2時⑯で消灯だもん。
あり得ない。金又は環境。
病院にいれば病人になる。

[10/12] 夜のお散歩…。

コンビニ、レストラン…どこに行っても特別視される。しゃべるとね。
モテねーな（笑）。

① オラもうLでジジィAKBもバチ当ったのかなぁ？

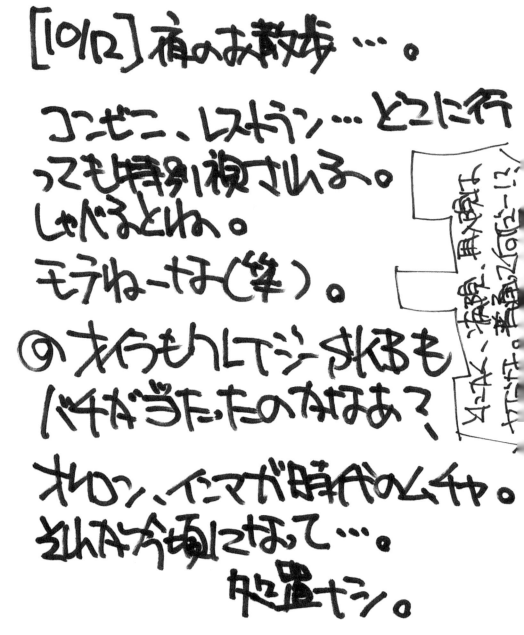

オレロン、イニマが時代のムチャ。
それが今頃になって…。
タタリナシ。

10/11(木)
再入院。大ざっしにはならモ
まるちゃんの運転で病院まで。
ありがたい。ED、マル、
メイラ…。□04←□□□
なんだろ(笑)。
@初めての放射線はAっという
あいだった。ちと□□ない
つらい。右上唇裏面近辺。
ヘぴめはみもんこパやみけ。

10/18(木)
再入院2日目。昨日免は
眠り…3〜4時間。
良い方だ。疲れてたんだと思
う。22時頃には寝てた。

・放射線の副作用A？とにかく
口の中が痛い。前首もパンパン

痛み止めをもらって寝る。
◎今日から㊒おかん割！！✓

10/19（金）
AND。昨日はもっとあばれた。
KAZのせい？ANのせい？
体重も増加中。
病院。居心地好いのも問題
だよね。あ、昨日は看護士
さん、タメ、お姉？ハマった。
やっと好みのタイプ。

10/20(土) AM 2:00
①KazとHさ。馬鹿みたいな
出てきてるのね、気が気がない。
ぶっちゃけ気持ち悪いのよ？？

村田はヒロ＆マミンが実質。
もっと落ち着く。
森TBSさやるいな(笑)。
バナナのラジオ。おもろー。
ラジコをチェーック！バナナルド
㋹のろなよ、って。GOO$！

もちろん…。野呂佳代

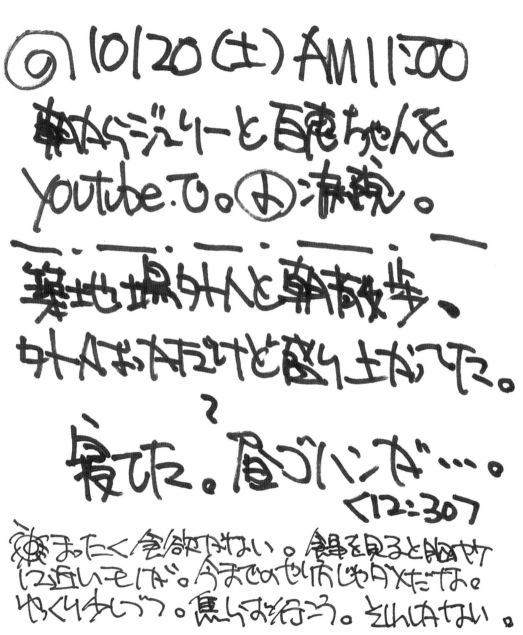

10/26(土) 21:20

◎ ジュリーって歌、上手なにんだな
こんな～ たいらの基準となったわけ
だ。そーゆーことね。納得。

～～～～～～～～～～～～～～～～
（沢田研二と「東大一直線」）
～～～～～～～～～～～～～～～～

どうして「危険なこん」が好き
だったんだろう？ Galりつな？

◎ KGZ、Hさの書い作用は…
はんないや、入れたね～。
今日の夜は完食できたーー

10/21(金) AM5:00

～2時間でAM6:30 起き。

[11:05]

の今日も左手には点滴8h。
互い。さんぽもできない…。

さ～今日はちょっと疲れたな～
けどね わただな（笑）。全然 もう
やることもないって 入院中な。
点滴8h。 ピザ、サンドイッチ
チャレンジしてみようかな～？

10/22(木) AM 8:00

とにかく○○○○ない。落ちた。
○○○○。ヤバでムリ○○。
しんどくしすぎいけど fine!って
いけない…。○○○○○？
気にしないことだ。
早く慣れることさ。

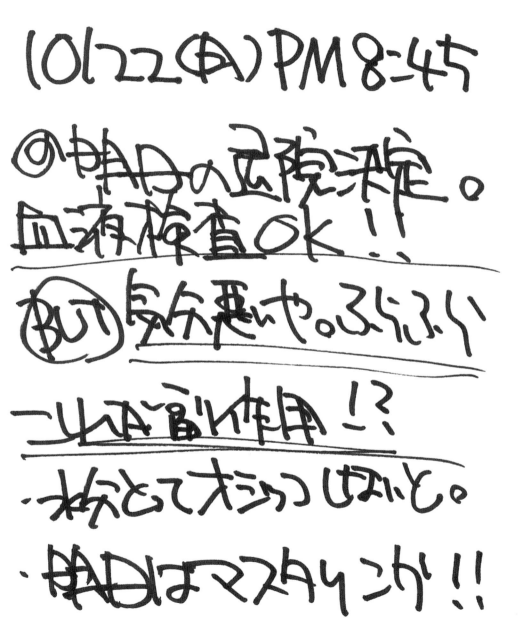

10/23(火) AM7:00

とりあえず通院。8:00〜
放射線。体調悪いな。
しょーがない。気合。

だまし.だまし……。

◎ 楽しいことだけを考える
2ヶ月にすればいー。

◎ なにも考えない。

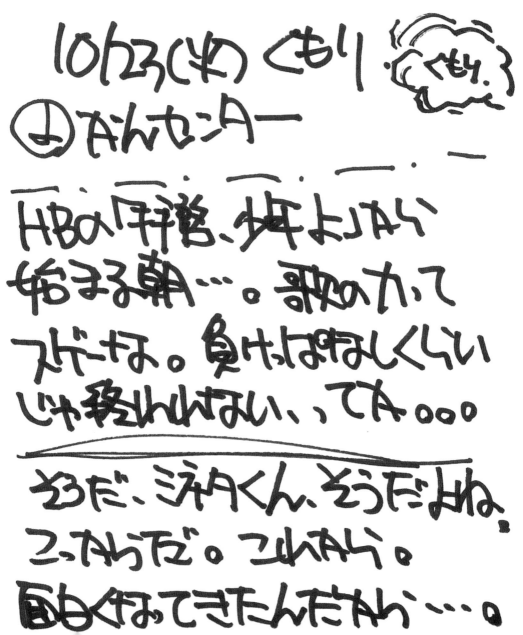

10/25(木)

まじ死のう。通院。

帰ってきた一。

◎ 23日から、いろいろあた。
やっぱ、しんどいんだな。
下⼭作⽤。KGZみHS。
昨日から通院。グッタりしてる
犬と思た、銀座の街中。

10/25（木）

・とうにか。少しだけ。
やばい3日。スリーデイズ。
なでも3日は カカ るな。

・毎朝、渋谷荘、銀座東
のNo.1号——！！（東）。

早く慣れることさ…。

◎入院3日目。

10/28(土)　　48kg

~~塗~~剤後、~~房の~~。
体調、良くはない。
食もせず G…。上手く食べ
れない。~~昨日は~~サイゼで、
揚げだしのマッシュを~~食べ~~した。

⑨ 太くて長いうんちが出た。
1週間ぶり。ちょっと安心。
~~昨日~~、今日と~~浣腸~~ナシ。
2日もあいて大丈夫かな？

11/1(木) / (49kg)

口が痛い(口内炎)。のども
痛い。ツバのむのもNG…。

―――――――――――

ひざや腰、痛い。しんどかった。

歯医者と採血も。はあ。

疲れたね、毎日、毎日。

・朝4時起きの6時出発(笑)。
何も考えずに1日を過ごすしか
ない。何が楽しくて生きてんだろ？

11/8(木)

本当は~~~~退院の
はずだったんだけどなぁ。
副作用の関係で~~。
きっと先が~剤はムリ？
とにかく~~~~。
これはラストまで絶対××

→11/8(木)
そ、そ、そ、昨日は
Zeppダイバーで銀杏のうぃが
久しぶりに <u>三浦くんに</u>
会って話をした。
「<u>ば～んで生きてん</u>
<u>ぬ13(金)」</u>
だって。

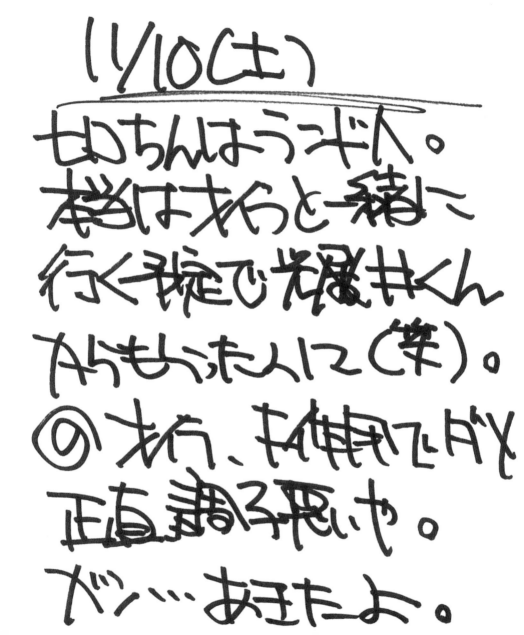

11/10(土)
_____

むっちんはうっど入。
本当は××と一緒に
行く予定で××井くん
からもらったんに（笑）。
◎ ××、××でダメ
正直調べる思い。
ガン…あきたよ。

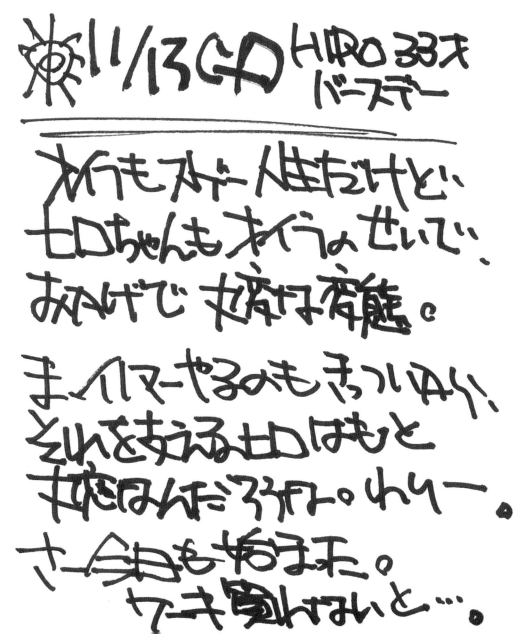

@11/14(火)
のんびりな1日

放射線
休み。

こんねね、様。もう、抗がん
剤は…ないな。
入院したくない。あの生活は
ダメだ。病気見ら。

@12/4(火)がラストの予定。
再発…はいけど、だんもりだ
も一緒のよう、見がまる。

11/16(金)

ニ4Dうさん、おいそう

ガン、とのこと…SHOCK!

はなんだよ、今更は。

ドン、ドン、ドン、ガン…

Queanieさんも言ってたけど

くらしてた世界な どんどんと

遅いか早いかの差だ。

11/16（金）

①オキノームのせいで頭が
ルルルルパー状態。これは
これで楽しー。

_____

さ、オレはこれからどうすれ
ば良いのか？ いつまでもガン
で食べていけない。どうやって
生活していくか。10年後。
ちゃんと考えないと。ヤバい。

11/17（土）
だるい。熱か平熱じゃない。
38.1度。このやな感じな
放射線副作用なんだろう

とにかく、放射線を染み
せたい。そこから見える景色
があるはずだ。
セント、チャンスはここにある。
人間関係めんどくせよ。

11/24（土）

◎ 本来であればウシャマンコ
であった日…。
判断、正解。そりゃムリ
だった。息してるだけで
精一杯。歩くのもしんどい。

◎ 体重が落ちている。
もう40キロ。やばいって。
大ダンじゃない。しんどい。

11/27(水) 誕生日 52

①ガン治療の真っ最中で
迎えたバースデー(笑)。
ま、特に…。でも、生きてる
だけね、ありがてー。

②11/28(木)から入院すること
に月末なったんで、ギリの
セーフ。家で迎えた。
入院じゃなくて 良かった。

11/28 (水) AM5:56

◎再々入院目。
♂長いよ、がんLIFE…
おきた。痛いんじゃなく、
苦しい。苦しみは痛みより
もおっど死に近い。
本胃は穴をあける手術。
じーさんもやてる。大大夫。
今回は13階。はあ…。

<u>11/28（水）再入院。</u>

① もっと早く入院しておけ
ばよかったな。応援。

② 私のベッドのシーツてね
ねんでた。寝てたら、ゴハン
出てくるって幸せだー♪って。
ザンライト。その通り××

手術さんなければ…。
○○○は胃の手術。
舌のガンなのに。

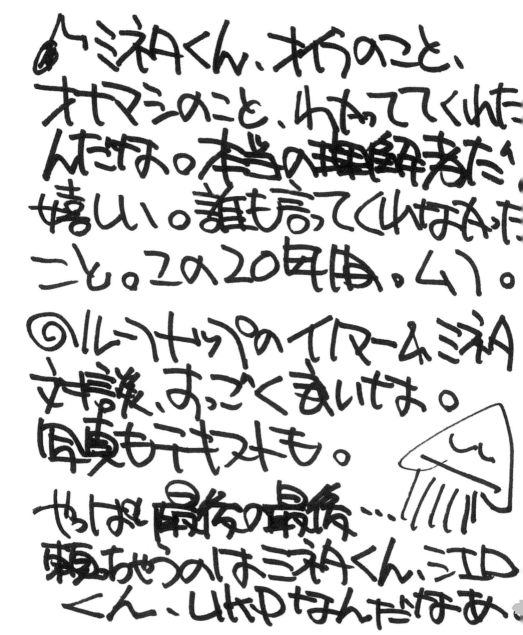

11月2日（木）AM6:32

◎手術当日なり。胃ろう術。
ストマックにホ〜〜〜ル××
どんな気分なんだろうな…。
NEOTYRマー誕生（笑）。

お腹空いた。でも固形物は◯◯日
まで食べれない。結果、4～5日はま
ともなもの、食べれないんだろうな。
ま、ずっとそうだったない特別なこと
じゃない。まー、ダメだと言われたらね…

＊さて、手術、何時になるんだろ？

手術大敗。

大爆笑。一同大笑。

東さんざん、時間も直々さんは
A方まで待たされて・・・
手術途中で中止。
理由は直いたけんど、酸素が
急激にダウンして、呼吸できず、
危険!との判断らしい・・・。

何曜日だ!?

① 1日をムダにした。
むきことを考えよう。
お風呂後、あと3回くらい

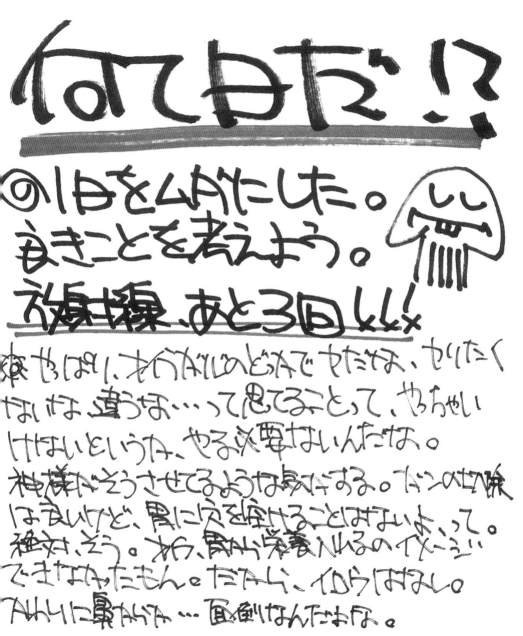

やっぱい、オワオイルのと外でヤだね、セリたく
ないな違うな…って思てることって、やっちゃい
けないというか、やる必要ないんだな。
神様がそうさせてるような気がする。ナンのセイ味
はないけど、罰に穴を空けることはないよ、って。
絶対、そう。おれ、眠から栄養入れるのイヤ〜うい
できませんたもん。だから、イやうはない。
おれいに裏ないな…直剣なんだおな。

8/29 / 20:50（消灯前）

◎結局、今日の入院は放射線のためだったんだなぁ、と。
そう思う、考えるしかない。

昨日から食事制限も入れて、
飲み物までNGになって…
手術前後10分中止（笑）。
まー、いい。こんな日もある。
受け止めよー。

11/30(金) AM5:30

◎ ~~[取消線]~~ 中止なら
気が抜けてボーッと(笑)。
(赤穂患 死去!? そんな…。)
(校長。オレにとっては ~~[取消線]~~)

もう、オレは誰の言うことも
~~[取消線]~~ない。やるだけやた。
やるだけ やる。あとは自分。
もったいない。オレには
~~[取消線]~~ない。　　　　↑

✗ 朝から看護師は飲食を
控えろ、と。センセーはOK。
あいつは都合の良い方を選ぶ。
よって自分に都合良く。
残り少ない人生、人の言う通り
なんてもったいない。
好きなよーにさせる。GO→！
◎今日入れてあと放射線
残り3回××

11/30(金) PM 12:15

鼻から胃に管入れた
など——。

いんぺいよく、しんど
なったい。

でも、これで栄養が取れる。
よかった。

11月最後の日…FRI.

◎鼻中心の生活。悪くないね。
なんで胃によーとしたんだろ？

※しばらく入院てのもEあもしんない
50Kgまで、とか。目標決めて。
もう既に43.5Kgだし。

※う～ん、退院、居心地悪いな。
いや、そんな風に考えちゃいけない。
ここは人が生き、死ぬ支援口だ。

11/30(金)22:05

○入院(再び)してからスゲー速度で時間が過ぎる。病院外界のTIME
全べてはみめに早い過ぎた。
車中心の生活はこわくなる。
これ、むいと思たけど長く続けるのはしんどいな。
早く帰りたい。入院まだ…NO!!

★今日の「東スポ」に オナマシな〜!! THANX

12月1日(土)AM5-31

◎ 今日から12月ッスー。
5日にはアルムの死虎春。
オイラはいつまで入院するのA？
ま、週ぬくらい、のんびりす
るのも悪くない。他人の目
とか気にしなければ。
(何の頭もない(笑)。
楽しいがんうわ。

12/1 (Sat.)

◎今日は正午から踊りの
ムービーを配信する。
カイラとミネ丸くんの映像。
みんなの反応あると思ふ。
甲0なることね… 1日楽しめる。
↳踊り中止～
イヤームミネ丸の
クリスマスショー🎁
12.22 (試.)
㋫ラママ

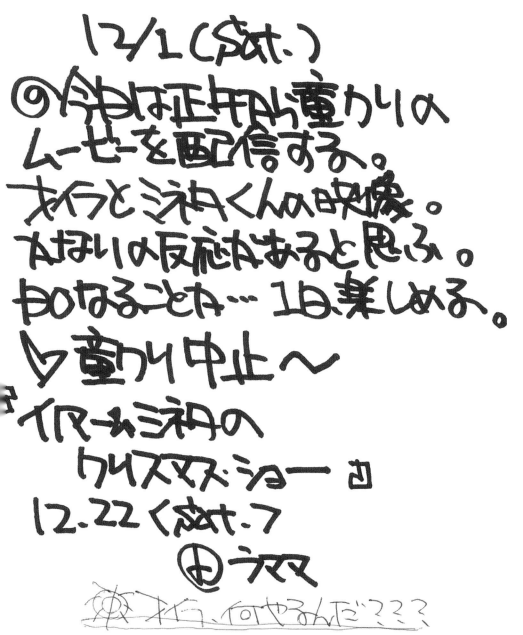
カイラ、何やるんだろ???

今のオレ、ダメだな。尻にイラつ。

〜すぎて急にメ〜〜〜しかない。

ちゃんと食べれるように
なると思ってなかった
な。また旅館の食事
もってみたい、〜〜〜

ちゃんと食べれるように
なる日は来るのかな
旅館の食事が食べたい

オレ、自分で思う。
〜をとばせる人はみんなだって。
〜も思いもう、め……

君 にちゃんと食べれるようになる。

12/1（土）⊕病院
の　週末の病院は平日と
ちょっと違う。の〜んびりとしてる。

神様、なんか疲れたな。
どこにいてもしっくりこない。
24時間、登場人物が多すぎる。

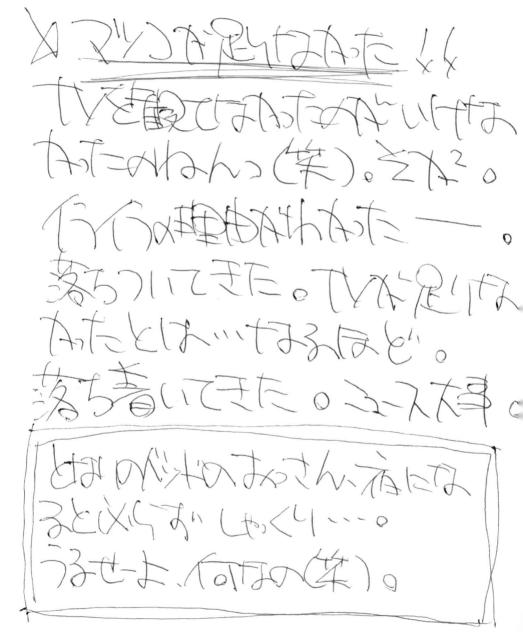

☆マツコが足りなかった!!
せいど読ではなかったのがいけなかったのねんっ(笑)。ぶか²。
イライラの理由がわかった——。
落ちついてきた。せいが足りなかったとは…なるほど。
落ち着いてきた。ニュース大事。

となのベッドのおっさん、夜になるとメらすごい しゃっくり…。
うるせーよ、(可はの(笑))。

12/1 (土)
ガンって繰り返すのかなあ。
前にも入院した…って人が
いーっぱい。完治ムリ!?

◎のTV観てたら、一瞬
何をしてるのかわからなくな
った。入院中なんだけど。
忘れてた。なーんもしてない。
ま、もーおこでもなん!
ってゆー感じ。

・12月2日（日）はん

病院以外の自分の部屋…
巣(休)。面白いなと。

他の部屋よりも広いし
快適。ルームメートのじじい、
看護師さん、気にはなるけど、
◎ ものすごく ぜいたくだと思う。
でも、外に出たりこうはいかな
い。やることいっぱい…。

次はベスト盤ね…。

あんどーして A SHADY DOLLS
の「すべては FROM NOTHING」
にはまり聴いてる ＆ ハマる。
きっと、そんな気分なんだろう。

NOTHING

イヤヤらしはなく セ□ない…

@ かんぶりにまともなゴハン
を食べた。ほっとんど口きき出
したけんど…それでも気分は良い
＊くもい、だった…。

12月2日(金) 21:36(消灯しよう
の電車)旧職員R女・・・。40位。
あ、M子の話。あんまり可愛くなかった
けどねぇ。ジャレジャレはあったけど
あんを優楽させるわけにはいかなか
ったんだろうな。普通過ぎて。
そこが魅力なんだけども。

病院はいろんなんがいて、それに
流れる。マジックはマイホーム日。書き
やすいね。それにして蒙が痛い。↗

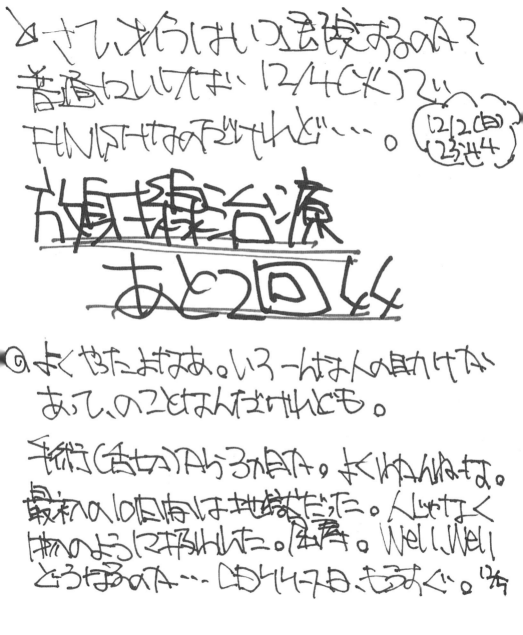

♂ さ、まらはいつ退院するのよ？
普通ならしてない 12/4(火)って
FINISHするのだけれど…。 （12/2(日) 23世4）

放射線治療
あと2回!!

⊙ よくやったよなあ。いろーんなんの助けがあって、のことなんだけれども。

手術（全身の）のうちある方よ。よくやるよなーよ。
最初の10日間は地獄だった。人じゃなく
他のように扱われた。屈辱。Well,Well
とろなのよ…ロくくーつよ、もうすぐ。12所

12月30日(木)「だぺむなっく」

AM 4:40（あまり上手く寝れなかった…）

① もう、52才になったんだよなあ。一体何をやってんだろう？　何者１って話だ。

まあ、ガンなんだけど。でも、ガンになって、こうやって手術して、治療して、入院できる、ってありがたいし。病院も行けずに苦しんで死んでいく人、日本にもいーっぱいいると思う。

でも、そろそろ、これからの先のことを考えないといけないな。いつまでも、ここに居れるわけではないんだし。家に帰って、普通の生活をすることを考えないとダメだ。残りの人生、もOするR

12月3日(月) AM6:10

◎冷たい朝。まだ明けてないみたい。窓の外は真暗。

布団から見たテレビがズ、てる。慢れたとはいえ邪魔だ。4人部屋、いると見かつまるんで食堂へと。誰もいない。クリスマス・ツリーが光ってる。

12/22(土)渋谷のマス、［電力］口のみんなにイベントやるんだけ……。

◎「イノマー＆う神のクリスマスショー」チケット枚数！即売だった。有難い時分。

12月4日(火)

@放射線ラスト日&ブケツ

△放射線治療室、ロビーにて、
これを書いている(笑)。待ち。
ここに33回(以上?)、来たんだ
よなぁ…。

※予算の通い、AM4:00起き。7:30西配布の
整理券求めて、じーさん&ばーさんとバトル。
結果最高値は2番だった。4番、6番
っていうのがダメなんだよ。病気知りとなった
人たち。話はしなかったけど。今から考える
と淋しいな。釣り大会。スケー!ヾ

才

↓ 受付（放射線）のお姉さんに

「今日で治療最後でしたよね？
お疲れさまでした」

って、今、言われた。ほすんな嬉しー。

◎最後の放射線 … いつものスタッフ。
「今日で最後ですね」って、皆。泣けてくる。
なぜか、最初、スムースに行かず、何度も
やり直す。「ちょっと、休みますね？」なんて
言われつつ、続行。やり直す。

10分で1術 … 終了。
放射線治療完了 !!!!!!!!

「BOSS BLACK ワロ、美味しい
けど、ふたをあけたとき、
びしゃっとこぼれる…。

・入院して変わったこと。
いい人と思われたい、思われよう、
と思われなくなった。○○○○○○○
○人に。八方美人終了。もう他
なんて○○でもいい。めんどー
臭いねー。じゃま。目ざわり。

12 ✗4日（火） DOWN…
◎不眠+現治療終了日
★アルバム『オヤゲラ』クランケ！

☆卒業みたいな日。この日のために、この日を目指してやってきたはずなのに…あまり盛り上がらない。何だろう、この感じは？わかんねーな。
誰かにホメられたくて必死こいて、今日という日を迎えるわけでもないもんな。
オイラは何のために頑張ってきたんだろう？
何で、オイラ、こんなにテンション低いんだ？
ブルーハーツ聴いてるし…。

⑨自分以外の人間、自分と関係
のない人間がダメだ、大嫌いだ。

そういう奴が社会でしれーっと
普通にしている姿を見るとムカつい
てやな思いをさせたくなる。
もういやだもう。目につくもの全て
おれをイライラさせる。FUCK!
みんなもエラ無くなれ…。
AА…悪いモードに突入してる。
とにかく、もう、誰とも会いたくな
いし、話したくない。誰とも。

12月4日（木）

◎体力&気力…相当ヤバいような気がする。

~~最終放果試練~~かなりダメージがデカいのね！？

今日、アルバムのうけで~~明日~~発売日。

サト出届けを出して お店めぐり。これ、完全なる

~~嫌~~がらせだ。こんなとき、こーゆー大事なときに

限ってオレチン~~電話取れ~~けたいだし。

オラもオノチもそうだけど、年を取ってーのは

~~下手糞~~だね。やなった。

~~誰~~なぜか疲ってる12月4日。~~明日が~~発売日。

お店回りが~~不安~~な！？ 大大丈夫。とにかく

~~最後~~まじせいせいらけないと。FIGHT FOR MY RIGHT.

病院も入院も…悪くない。メイビー。

〜12月5日（水）
アルバム「ロオナー…クラウティ」
発売日————！！
＠ ショップまわり〜（＾ω＾）

外出届けを出して、マルちゃんと一緒に
渋谷〜新宿のCDショップをまわり。
あいさつをする。ちと、オレ、お疲れモード
見苦しくて出来ない。酸素！って、もみ
ほぐし、このことなめんなぁ、なんて。

首まわりはボコボコ＆ゴリゴリで、内臓が
身体に入っていかない感じ。
いっぱいく苦しい。アザラシ。
放身林終わっても つらいの続行中。 メ

☒ 明日は今日のために SHOP代の
コメント・カードをずっと書いていた。
あと、コッキンアキまと。
でも、なんで明日はみんなに苦労してたん
だろう？、危なかった。完全なる危険人物。
あれ、たまにそうなる。やばいね。
トラブルの元だ。
① やっぱ、自分の話してることが伝わらない、
ってスゲー、ストレスなんだよな。元々、何
度も同じこと言うのやな人間だし。
◎ いいはんからメール。「おめでとう」って。
やさしーな。池袋まで聞いに行って
くれたらしい。嬉しい。コッキンアキマ
読んでる……って。アハハハ。

◎長いよーでみじかい、その逆も然りなしね。

別に、この為めために生きてきた。やってきた
わけではないけれどさ、みんなそーネな？
目標というか、手術とか治療とか、頑張ってこれた
よなよそれはある。アルバムも出るし、って。幸せ。

♪自分の歌声を探してみたい。

それはうけだったんだよね。ガンとかあって、声を失う
ってなって。オオマジでとかのこーかっていうのは考えな
かった。そこがウニマンは楽なのかなあ？
わかんない。ま、それはこんなら
考えればいい言ちたね。次の康来は。
おかマうのなね。

ⓐ 息苦しくて眠れない。りりつ○日も過ぎて
ポッカリな感じ。まだやることはあるし、
残ってるんだけど。ポッカリ。疲れた。
人はこーゆーときに自ら命を絶ったり
するんだろう。燃え尽きシンドローム？
あは、そんな感じね〜。

ⓐ ただ、はなぎに疲れた。
おいしいものでも食べて、って食べれない！
みんな疲れた。なくなた。
命だけ残されても、やりたいこともない。し
生きてるだけなし。おにーマシン…
もう必要とされてないんだね。っ痛感。

♂ 空いてた…。12/6(木)
今月は何をするのかな？

◎ 退院は直明けた。。。
12/22のこと、少しはそろそろ考えなきゃと
思います…。ホント何するんだろ？
なーんも、できねーぞ(笑)。
「イルマ×三本のクリスマスショー」
サでゃ紅茶。そいゃそだ。
お楽しみ会。苦しみマスョンになる？(笑)

43.3

12/6(木) AM4:20

「ジワジワ」だ…。NLさんから祝売ロのメール。
考えてみれば知り合い関係etc…
アルバムおめでとーメール、くれたのNLさん、のみ。
さすがセンパイ。ありがたい。ニッキンタクマ読んでくれてるって。

Theピーズ、危険なことに活動止まっちゃってるけど武道館バンド。独自の数字を持ってる。
ピーズは武道館。オナマシは
ラママがやっと。昨日、店みれいして
思ったけど、今のオナマシは数字持ってない。

もう、時代的には必要とされていはない
OUT OF DATEなバンド。わかってる。
でも、そんな現実を目のあたりにすると
しんどいね。タワー、渋谷店舗にすら入って
なかった。置かれていなかった。売場にただ
入れこまれてるだけ。ダメだ、こりゃ…。
ショップのバイヤーさんがオヤマシを知らないし、
売ろう！としてない。でも、そうさせたのは
コッチ（オヤマシ）だ。忘けてた。
○こうなると良いアルバム作っても難しいね。
良い内容のアルバムを作っても売けない。
・ジョージアのヨーロピアンBLACK、不満足だな。
けばい…。オエっ。捨てよ。古いんだよ。
オヤマシと一緒。恥い所変ってる、時代に…

12月6日(木)

◎ ハイスタには待っていてくれた人たちがいて、オレマジにはいなかった。それだけのこと。100万枚と10万枚の差。10年経ったら誰も遊び場にはいなくなっちゃった。そーゆーことだ。

『AIR JAM』と『ティッシュタイム』の差(笑)。

↑ こういうこと言うと、ハイスタと比べるのが…なんて言う奴いるけど、比べないわけにいかないんだよ！ バンドやってんなら比べないとね。俺に直せないし、MAKING THE ROADできない。今活動してるバンドはちゃんと自分のバンドとハイスタを比べたんだと思う。それを最低だなんて。そんなこともできないようじゃバンド、やめちまえばいい。

12月6日 (木)

◎あー、食ひおわった…。ちょっとだけ痛い思いをして、あとは食うだけ。何でも食えるのもOK！ 食べて(朝昼晩)、用前え、午後に おやつ(アンシェ印 くカロリー・アップ)を入れる。って看護の人だ。ヤだよ。かわえないよ くっちゃ。

⑨ 食事→薬→食事…強敵だ！？
1Fのエレベータ前で向目のオジサンにあるしないてられる。明日からまた入院らしい。
以前、14Fの病室で一緒だった、横のベッドのみやさん。入院、通院を繰り返してるんだ。
どんな人生なんだろう？
人生いろん きらは…

12/6(木)あめー

① まぁ、たぶん「全力〜」以上の良い
ねぅ??、てもうみてはみと思う。
それは才能がここまでとか、枯れたとか、
そういう話ではなく。(何だろ？
「全力〜」が自分の中の理想で、それを
ようやく出せた！っていう満足感。

まぁ、いいでしょ？自分かとかなある。
使もそう、な果…音楽の陰果。ロック
の陰果みたいなもが、見えはじめて
来ちゃったような気がする。

6月4日 22:55

① 日焼けがハンパない。真黒。痛い。
お日様線で焼いていたのであるなら
当たり前け。33回。よく焼いたな。

② 「いしさん、ニッキンタマを読んでくれてる
みたいで、あまり変なこと書けねーな。
あのガラケーで読めるのは？
まごしゅりだったらすた。

12月6日

① 鼻の管、邪魔だよな。取りたいよ。
栄養(カロリー)が体内にまたGET
できるのはありがたいけど、ジャマ。
特に夜になると思うよな。眠れないよ。
首は痛いし、鼻はモゴモゴしてるし。
さすがに頭、髪の毛、洗いたい。
早く退院してさ、シャワー浴びたいッス。

まずは食べること、食べれることから。
DAになれるよになれば、何の問題も
ないんだもんな。そんだけ。
エンシュア飲みまくり⊕ 頑張る。
すべての苦労が報われたいなければ
何なんだよ!? もう日ですよ。

12月7日(金) AM1:05
43-6
(5-5-

① 車だ——。院か……、帰る。
そりゃそーだ。来週の水曜日まで
てんね生活。絶望生ん②日。

<u>MOVIE</u>LON 『シャイニング』④

23分号「OVER?」(無線)

ジャック＝コレった＝エガちゃん

・大学生んと型に観ていく楽し？
ひとして観てみた、やっと観てみた…
買えてはいけどひとに観てよな気んい。

12月7日(金)

◎ 悪いんじゃないんだろうけど、昨日
〜ついてくれている担当看護師にあまり会え
ない。好きにはなれない。苦手。

若くて、適当で、一生懸命で。おまけに
ちょっと可愛い。でも、ダメだ。

むこう、ガイガイくるっ.苦手なら。

にがつ7日(金)はれ

① SLANGのCDが気になる。どこのみせ行ってもある。しかも、オヤマの近くに。
古着屋のUNIONだとかやばい(笑)。
でも、KOさんとか無理なんだろうな。
マルにちゃん、お店まわり、がんばってくれてる。
ありがてー。まだまだコレから。むくれてる
場合じゃない。デイリー、ウィークリーとか更新まみ
3ヶ月、6ヶ月、9ヶ月、12ヶ月…どれだけ動いた
かによる。にしても、ごみまわりが遅い。

② しょっぱいものをパリパリ食べたい。
塩せんべい、ポテチ、セツな塩むげ…甘いもの、
あきてきた。なめてなんでるだけ。
最終的にオイラは何を食べれるように
なるんだろう？何食べて生きてくのかてて？

⑨ 12月7日（金）8~10（PM）

「口の中が汚ない」、歯医者が
つげぐちしやがった。オレこんなにうたい
してるのに。1日中うたいしてる、って言っても
いいくらいに…。まそのせい肉が直ってる
っていうのみみえてる。こんだけやってて効果な
い、ってありえないよね。そこで直さないのが
オレ。ま、

◎病院かえって、土日間、ちゅーのもいいもんだ。のーんびり。

12/8 (土)

◎新発売感謝、せいるったるぞ・・・

◎ 12/5の「オナニー・グラフィティ」発売から3日。
際に内容に対してもいろいろと意見がきてきた
マジメだとか、ポップだとか・・・まー、そうじゃないと思って
作った。フツーに。オタマシ流のフツー。
よって変な曲、激しい曲、ムチャクチャな曲を作ろう
とはーせん、思わなかった。だから、このアルバムは
10年、20年、30年・・・経っても色あせんずに
聴いてもらえると思う。オタマシーンの
最高傑作だと オイらは断言するぜ。

ま、確かにハチャメチャを期待してた者からの
ファン(?)は物足りないかもしれないけれど。

◎朝イチ (AM6:00)でつくう
ニトリー。庭かしたー！(15:45)

12月8日・土曜日

① これはがん日記。がんのことを記しておこうと書き始めたこの日記なんだけど、なんだよくわからない日記になっちゃったよ。

② ふだらだだらだら…入院生活なんて、そんな面白いことないしね。普段なおび、[?]とギネ科で[?]るし。刑務所みたいなもんだ。21時には真っ暗。電気つけてても怒られないけど。4人部屋だから、それなりに気をつかう。隣にいるおばちゃんはオエオエとうるさいけど。

12月8日(土)

①あれ、おういう覚んに入院して…
11/28だ？そうだ。もう10日経つん
だな。1回もシャワー浴びてへんや(笑)
昨晩、熱出て麻薬と痛み止めを
ブレンドして飲んだから、完全にブッとん
でた。洋服脱いでて服着替えてた
それを看護師さんに見られて、わけの
わからない言い訳をしてた。
チョコレートも食べていたよね…薬効病
そんで映画『シャニムニ』団観てるんだ
もん(笑)。頭おかしくなる。

12/8(土)

◎ 人生最大級に下腹が痛く、
声が出せない。まともに寝ると息が止
まるので落ち着いて寝ることができない
労働→食事→睡眠 ♂どんなら構わ。
こうなるまでわからなかった。

▷

…ホームはやはのみだけね。また。
痛いとき、苦しいときはお構いなく
実際なく薬を飲むべし。
って絶えきにろう。ところで顔
下ぶくれてすっこける。元気し。

12月8日（土）

⑨そうそう、今日書かなきゃいけないこと
忘れてた。うっかりだ——！！
4〜5日ろい！？ 国民体。なども今日なく
てもある事は出来るんだね…。
「羊（ビッシリ雲のようなもの）うだった。」

⑩ストレスためれば、書きまくてる。うっと
書いてるね。でもてスキー、お金を使てる。
セブンイレブンで。この一服の某というだけで
10万円は使てる。もとね！？ 消費って
ストレス発散になるんです。
甘いものばっかり。今日はアイスココ。
少しだけどお茶がわれ入るようになてきた。
一時退院のときなど体する間になきたんだけ

12/9(土) SAT am 7:15

「誰か来てくれー、早く来い！　オレを殺せ、
焼けよー！　どうして誰も来ない！？」

　大きな声で叫んで目覚めた。だけど、
しばらくの間、誰も来てくれなかったことに
腹を立ててのりした。こっちは命を助け
ようと思たのに。

「笑福亭○○の新体×□を観ていた。
入院中に観る映画じゃない。
その前はなっちゃらギャング。大爆笑。

ね、おらがせ○○○する前に殺してね
という内容。ていうかそんな手紙はね
○くてもいいね（笑）。本はニューヨーク１９９７
が来なかったんだけど、プライベートには来た。

体温計、ないとあるみたい。せいん。
○○○○ひる。○○。○れみし。
今、『Goodbie』さ○、パニーズ○。
これまたしぶし。　あー○○な
しんといね。水○な……。
○○ねい。○るけど。あいよ。
（38.1）

10/9（日）AM5：35 ⑫

のちとみきら与えてすね…。

寝ながら往ってるオレ。自分が恐い。
真剣にくっちゃってるサイクくんもヤばい。おしえいくん。
コレじゃあ退院できない。やこ、帰れないけど。
なんねえー、誰と話してる世？。狂ったね…。

（ケアイスクムサー。ブルーベリーのチーズケーキ。）

◎夢と現実の区別が難しい。
早く退院したい。コにいたらダメだ。
長くいるとこじゃない。でも手好が…。
うえ気がす　よる場所も更れなよね。

⑨/？、暗かひどい、うえ十様の自れ様

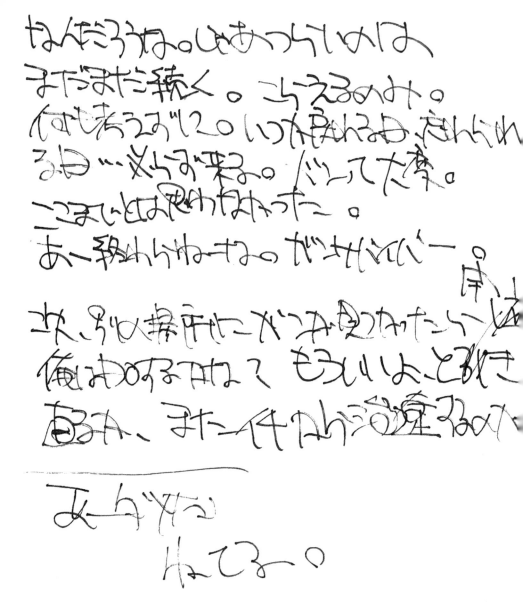

12月9日〔日〕

今建たてヤンシェアなう。

この様件は退院しても借りれるのか

なかて、買取するには…ちとね。

_____

寝府が弛い…って。予術作みたいだね。
あんときは毎晩鬼が怖った。あの独得の感じ。
説明が難しい。13下、鬼者さんも1年たと
比べると少芽いのかもね。死と直接面して
る感じはしないもんね。

今日はマルちゃんの誕生日。えしの友達
いは、12月生みん、多いな。

12/9(日)

今日14段のぼったこと
スーパーカップあ入れろ～
小さい!! どこがスーパー
なんてだよ!? 指にべた
べたつく ムカついて殺す。

12月9日(土)

12月に入って2度目の土曜日。
さ、来週は帰ろう。お家に帰ろう。

（THE MANZAI）

のミキ、おもしろいね。好きだね。

M-1もいいけど熱意くね。
あれも本当で土曜日に…。
もうの人まで…。

ゴハン持ってきてくれた看護師さん。
Tバンド好きなんでのみろ？なんか
ムカついて…。今でもムカついてる。

12月10日(金) 0:50

何も覚えていない。本当に今、何が起こったのか？ また夢か？

必死になって外出しようとしていた。冷気で切れられない。正当な理由があるような気がした。身体の変化は明白にない。何かが起きてる？ 始まってる？ 後半戦のキャストは？

頭がドンから落ちてきた。とりあえず、ここにしたまえ、まざそうだ。動くのは危険だ。

12月10日(月)15:40

① どうやらオレ、早く通院しないとまずいみたいだな(笑)。別の病院の可能性も…。狂ってる。

㊀ ヤバいね。薬のせいなのかなあ。昨晩もブッとんでた。
12日の検査…もうこれプリーズ。うぅ。
6:00だー。1日スタートー!!
ま、今日の予定は何せないみたいだけど。
ヤレヤレ。今ある体もう、ゆるい。

12月10日（月）

① ヤバ、寝てた。食堂にて（笑）。
お互いさまだ、こんなんでいいのね？
入院してるのに…。◯曜日に退院
できるはず。可能であればあしたい

午前中はいつものチェックとレントゲン、
採血、栄養口投入くらい。点滴と

② 身体中にいろんなみかウスいが入っている
のだろう。なんかこわい。

③ 退院、入院、再び院。病室には
ドラマがある。それを見てるう。
涙腺になるよ。

※2月10日（月）ミネくん誕生日

・強制的治療を終えてから5日は寝つんだねえ。何か痛いたみたいな？やなんない。迷惑かけてはいけれども、何と言ったらいいのか。何すだんだ上手く行かないこともない。時に会ってきて…会えない、会えたくない、言えないのもデカい。病ると上千のなが"できなくなる。いろんなものを意んれん続けるよう。もう、これ以上…無い。自分で生きて行こう。ハッピーバースデイ·マイ·フレンド♡

2月10日（木）
◎ ようやく退院の日が決まった。
~~明日の~~。よし。
なんと退院できるように熱とか出さ
ないようにしないと。

~~明日~~ ～ 帰る準備。
おかし、パン、ドリンク etc…
買いすぎて荷物が増えてる。
入院中、「セブン」で16万円
くらい使っちゃってる。恐ろしい。

2月18日（火）AM6:57

◎さて、明け方に40度の熱を
出して、頭大パニックを引き起
こしたイヤーくんはその○○なる
のよ？？？

・大キトム。

なんてね。もしかしたら、このまま明日
退院！に突入できそうな…予感。
ま確かに体調は悪いんだろうな。
でもお互いに退院の時機。
日日のタイミングで退院しないと
スルスルにいくよーな気がする。

※12月1日(火) 14:47
日記Vol.2.最後のページ。
日々。退院なるなるか!?
というところで…FINISH!

いや、マジで日曜なるのか？
来週月曜、とかだったら
最悪だな。せめて今週中。
むーん。日曜日がダメなら
日曜日後でも。ぷりーず。

クロニズ

木下記

VOL.3

サバイバル・ダンス

・生き抜く…

・SURVIVAL OF THE FITTEST [18.12.12～] SINGE

○ まーっとうはゆうらにより帰でさた。

部屋、狭いし、汚れてる。

ここにこれか… しんどいな の頃みたい

月10万出せせば・2音階とかなるはず。

~~再来~~とは言れが早いわに。

○ ゆめちゃん元気すみ の気になるね。

ナレが長~~電話~~してんけど？ すまん。

でもこんな状態でいくってわけには…

よくやってくれてる 応援してる。

12/13 (木) AM 6:20
① 退院してきて、1日目の事。
クリスマスショーまで9日しかない。
マジでヤバいじゃんかよ…。
他人ごとじゃねぞ。

出るんだ？って出るにもなれない、

そのあいにスタジオ手伝えのMIX作業。
ろうむ。ムリだは。

来週の土曜日・

ってこう考えるともとセバい…。
どこまで身体をはいるね。

12/14（金）

あーボケてた。睡眠

① 寝ロしたんだろ？金曜ダメだった。
通院してから、2日間くらい。ひどい。
まー、今でも十分、ボケてるんだけど。
もと、人に会ったほうがいいのかなて、ちゅー
見にさせない。ふむふむ。
すべてに関して本調子じゃないんだよな。

② ほしトーキョーグラフィ○○から取材のお願いが来
た。撮影の○○は○○○今月25日まで、って（笑）。
スゲーな。あくるてきた。○○むるね。
まあ受けるつもりだけど。マイちゃんに
お願いしようっと。

12月14日(金)

◎放射線治療も終わり、オイラは今、やるべきことをやり、その答が出るのを待っている状態。

12/14（金）

◎ ベとベとちゃろけちゃろ…

・☀ 毎日シャワーを浴びて首まわりにアズノールをぬる。オイラの日課。

放射線治療の後片付け。確かに今、過去最大級のゾンビ状態。まずい。

✿ いけ金Ａ…オイラにはお家がない。一昨日、落ちてきてない本当に調子が悪いとゆーか、取り戻せない。ココが自分の部屋という感覚がマヒしてる。どーも、誰かんちにいるよーな気がして…。落ち着かない。

◎ろけ確保したいな。早来しちゃったけど。もーう、ココにいちゃいけない、って気がしてきた。

12/15(土)

◎ ねぇ、おねしょか゚、狂てる？

退院してから…。2度目のね。何本が
セバい。いや、あまり、そーゆーことは
考えない方でいい。脳こうそくかな？

墓にはあ？ でも、ごはーのひとり
よあマラおはよあ。なんか濡れた。

24時間。しほのことあんまり覚えて
ない。 スズズズズ …寝てない。
なよ。ぜんぜん。気持ち悪い。

3/16(日) さぶい…。 ⁴²枚

@ 日作者は AM2:00前に少々な眠り
にといた。電話対は…なった。
立て寝てたのかな。でも自分でベットに入った。
女行の順番が違い、ということになったため
寝ることに。ん？順番って何だ？
こんくらい？熟睡したら目が覚めた。
麻薬のせいか…。アイス、飴、ポテチ食べてた。
う〜ん、術番号の"青"が続いてるのかもしれ
ない。悪夢とも違う。自身に夢を見ていた。
前に存在していたのはポテトチップス。
オモイーム、ないなあ。そーなんだろうな。
寝ボケてるだけとは思うけれど、ええええ…

12/16(金) 23:06

◎ 24時間の…首あたりがずーっとホームレスに支配されていて気分悪い。かなり不自由。しめつけられる。しめつけられる…。

● 12/17(月) 1:35

あー、良くないな。何も決まらず、何も見ズに、今週の土曜日、自主イベントなら、チケット販売は進んでいる。
ロイヤー＆…のクリスマスショー回、お客さん？やる、マズイのだけれど…。
チケット SOLD OUT!しているのも良くない。
ちゃっと…、よりマシだけれど。

12月1日 AM 1:52

◎ 背骨中、腰がパンパンでみがわれる。身体（みがわ）も中腰いや。あるところにあたり、軽ろぶ。力が入れてない。ペナルティルのキャップがみけられてみた。

お腹、腰、背の腫けてきが痛いてる。背に乗たり、運んだり。現来。今は乗てる。DAも身体のも。

◎ 今度はペンは腰の痛病傷、イヤーズジオなど……イヤと死にAAい。ゆびは病険。やぱり17曲くらいはやたおさいい。のみなおそ、なんて。「BABY BABY」くらいね。メイラーバース海来だけ、だけどね。

12月18日　AM 1:49

◎やっと生えた——!! そんなに大きくもなく、
いっぱいでもなく。思ったほいのだろうかっと。
ふるふ、嬉し　。スキャルた。

◎身体に、キニメが入らない…。
これ書くのやと。としたっ？すう。
体調悪いのもて、て思ます。

今日はっ休眠だった。私とては、
は題なし。麻も大丈夫。
センセには会えなかた。
嬉しー席募いっぱいもらった。
はいうちゃんも。同じ。

イルマーヌ・ミネヤのクリスマスショー、
～終わった。昨日の話。いや、ま、
どうにかこうにか…。とにかく、ミネヤくんに
感謝しかない。もちろん、他にも感謝する
人はいっぱい。だけど、ミネヤくんは
別格。本当に…ありがとう。

◎ ふっきれギリギリで やってきてよかった
な、って。人前に出るのやだもん。でも…
四月球、ヤスチくんの存在も大きかったかも？
「今更、何を気にしてるんですか？（笑）」って。

スジュンスジュンに対しても、驕っちゃいけない、って。
でも、もういいんだよな。皆に頼って。

「クリスマス・ショー」　〈に/立のこと?〉

成功だったよ〜。①みな面白くみて、やって
よかったと思う。まったく先の見えない
見てい演事。～すてきな諦めてないんだ
もんね。お客さんもすごい。

アドリブ、失敗してたけど、お客さん良いね。
よく泉がも面白かったもんだ。

①うん、でも〜やってよかった。
気持ちよく2018年と1/11流して
2019年といって、よろしくできる。
おらもみっちゃた稲てたもんじゃね〜。

12/25（火）クリスマス

◎ 昨日のことだけど…
お寿司、食べられた―――。
嬉しい。堪能しちゃった。にぎり。
サビぬき。いつもの魚居酒屋。
ガン発見のきっかけのお店。みんな…
本当は。ありがとうございました。

◎ まー生きてる。すごいことだ。
大も術。よくまー、やったもんだ。
死んでた可能性も…なくはないよね。
なんか、2018年は、何とも言いがたい
1年だった。スゲー人生だ。

12/25 (木) Xmas

あー、休めんといね。

① いろいろヤバ。むりにA finish！
溢れた。ロ◯ヨの取材。
スゲー好きで 出たがった雑誌。2度も。
ありがたい、嬉しい…のか！？
甲にもう。ブツー。はが嬉しのか。
女子は何が楽しーんだろ。
お魚、地位、名声、中、etc…
健康か？（笑）。まね。そうね。
② 裏、音がパンパン。風のひ。
なう。

12/26(木) 18:12
◎ 特に何をした...っていうわけでもなく
1日が終わろうとしている。ダメだな。
ちと、ここに来て、共同生活にあきた...。
×陰で しんにすみれてほしたから、今の
生活に見苦しさを感じるように
なってしまた。ぜいたくだ。
ぜいたくな!?☒

◎ うーん、でもぽもう一部屋ほしと
ムしたてはあ。ワンルームで2人暮しは
まい。部屋数重視で探すか 〜。

12/28(金)

① 車で〜から〇〇の取材があり、
　〇〇〜。下北で撮影。
　撮影っ〆 疲えた。

⑦ 大好き〇埋まい。

→いろいろ大人賢い。賢い会い。
　〇べる へ へ 。ううし。

_____

・今日はひとりにされる！と思たのだけれ
　ひろちゃん 実家さば帰らないらしい…
　〇〇…〇〇。たまにはひとりにされたい。
　おれもしゃうックスしたい。　　オ

→ ひとを殺したらあかんよな。
なんとも思ってないのか？　たみこは完全
イカれてみたい。

世の中のせいはみんな病気してるんだもんな。
おもろくらい気楽でないと。楽になり
たい。自分の時間が欲しい……、て。
でも、もう見えるな。ふーん。

〇〇〇からこうやってたのみたい。
嫌いになった、とんか。でも、しんの事情もある事。
あ、しんどいや。ない、やさしくもない。

お金がないと 人にやさしくもないと一番。
しってん、わかるよ。4〇人並みまで「アハハ」の

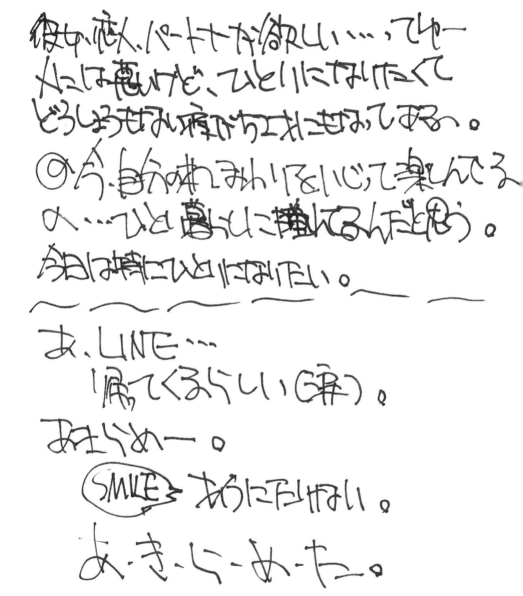

彼女、恋人、パートナーが欲しい…、てゆー
人には悪いけど、ひとりになりたくて
どうしようもない病がちょいエモにせみてきた。
◎今、自分のネしみりをいじって楽しんでる
の…ひとり悪いに書いてるんだと思う。
今日は特にひとりになりたい。

あ、LINE…
　帰ってくるらしい（弟）。
あきらめー。
　SMILE そうにたりけい。
あ・き・らー・めー・たー。

12/30(日) AM 9:39

○今年もあと2日。それ…。
Aさんはミキくんとお先デート。
「コーヒーでも」と。ふふふ。。
楽しみ。どこに行うんだろうん。
喫茶店に行く予定。あと、そうだ。
新しいメガネってできるんだよね。もっと
先のことだと思たのに、すぐなのね。
▷
あー喉と首がパンパンだ…。咳が
止まらない。オホーム中書。

⑨ 12/31(月) のみ！みそ、スす。

AM5～4時

12/31に仕事についてることってまず尊敬。
うれしーよ。演説じゃない。おかんち。
家賃を払えていること、屋根とごはんのある
生活にも尊敬。あたりまえじゃない。
5～6年前はバイトしてた。それでギリの生活。
今はバイトはなくても、少しうるおいのある、
余裕ある生活。金持ちではないけれど。
SUPER以外楽しい…できてる。小銭には困る
日々もあう、うんざいだ。戻りたくない。

のびのびだけの生活。おれは地獄だった。
楽じゃべるしはない。ちゃ食事が……

誰もかついてなくって、気らく生きている。
わたしなんかあかるいんだよ。
甘くてしゃべれない。歌えない…
それでもバンドマン。

① 昨日はミネくんと会った。
喫茶店でコーヒー。お花を持ってきて。
なんかなぜかプレゼントをもらった（笑）。
マフラー。嬉しい。大切にする。
嬉しい…重要。大事。大切。
20年一緒にいてて改めてなんじゃないか
なみ。プレゼント。おいしな。

いろいろあった、よい過ぎた2018年。
苗村RГで、セロポンと、立て、三浦くんと…
結果オーライ。良い1年だった(笑)。
コレでいいのだ。かんでモのだ゛！！
神は考えた。うん、確かに。
コレから先、10年ぶんの私。それに恥じない
がんさみたいに通り生きていける。
がんさみてなみたら、死んでた！と
本分は思ってる。マジですね。
@ 本来必要とされてる。けど、しゃーない
オキモチ命♡ → ◯◯◯◯、本来、
@NATURAL LAWSON ロ クランベリーチョコ

あけおめだー。
が 祖母(ex)として初と
なるみ、正月。ふ、ふ、ふ。
最分は…育ぬられない身。
のガンとして育ぬらせて
きての1月。毎。
(何たるみあ。の毎中(恵)。

1月1日（火祝）

今年の目標…去年はアルバムを
出せた。セールスはわからないけど
内容は大満足。えんいい。
ロックだ…クラフテロ…ロ…果だと思ふ。
レコーディングのやり方としても あんなー
ベストだー。もう 過去のやり方は
ぶっちゃけ、しんどいなぁ…と。
より…10人と。えんでもんじゃないじゃ
らん。みんなで一緒に！という14に
はつ流れてきたし、あきてきたよーな気
になる。うん、10をつつめぇ…。

1/2 (水) 3:04

◎ 男おゆにオーデコロンを〜♪
にあ、やさいもさい。身体が痛いね。
あ、こっち。自分の身体本当にわからない。
身体、また動かすね？ チャンスかもしれない。
緊力アップ!! NOW？ （お昼寝…って PRING
さいて…って中02？

うん、おたしを下らしてるね。気づかない
けど。正気なお友だ。捜索隊救出。
あまり、他人のせいにしたくないよ。
↑ってイ人が言ってるんだ？

◎ 今年、おせちは食べられないのかな？
まー、そんなに好きじゃないからいいけど。

1/3（木）AM8:05 （やすみ）

[食べる→体重up→痩せない]
　↓それ○ thanx !!
~~単純~~はことだ·····んだよな。

~~~~

~~~~は／食。スキコでじゃ、た

4/3（木）21:10
○は~~お体~~ろだけだもすぐ終れる。
まーイッセみいけがお正月。コレでいいめだ。
ボクもモニもお違うじゃいけい。

1月4日（金）

◎ 放尿慢　酔い症（こ）、しんとい。
書けば書くほど？　えぐい。

HIROちゃん…「家帰る」って。実家に帰るのかと
思い、ウッキー！とテンション上がったんだけど。
違うみたいでガッカリ落ち込む。
月に1度、実家に帰ってくれやみたなあ。
平日は仕事の実家でしょうがないけど。
一緒にいる時間…○○なんだろ？　無意味は？
もう俺は寝れ。やるべきことをやる。→寝る。
息がつまる、息がつまる、息がつまる…

アザラシ。

① HIRO…「言いづらくなんだったよね？

女友せんかいやすい違いこみ 入れる あけて。
ごめん。すき絶対かことでした？

でも、ひとりにしないで…って言えるんかな…
「だん。

①18（土）

よく寝たー。？。もりたろ。
でもベッドでちゃんと寝た気がする。
・自分が寝る理由について、眠っていた。
どうして、オレはなのために寝ているんだろうって。
ちと、狂てるかも。熱あったんだろうなあ。
40度近く。オレ、すぐ高熱がでる。
眠せなければいいけど…。インフルとかね。
ゾの勤め作品＋インフルして（笑）。

・女、直きたみたい。

1月8日（火）さむい。

自分でもよくわからない。何をしてて、
何をしようとしているのか。ただ、生きてる
だけ。ムダにお金使ってるだけ…。
ムダだ。こりゃ。しかしなー！！

◎ご病気になられて？食べれない、飲めない…
ちゃんとね。それだろうと、ボランゴローのように
きいている。体調のせいにして、はもやろうと
せない。はもせない。やる気〇〔セロ〕。
でも、食べれるけど、はでもなんでも自由に
食べれないストレスはある。田中、
カンセは書いていたな。「食べれてるね
書いてるね！」って。そうね！？　😊🔲

とにかく!!　　〔1/8〕

※ そろそろ、エンジンかけて、また、グラっとかいて
いくしかない。ドウドウするのもお願いした〜。

10人編曲（スタジオ）からだね。まずは、
ベース弾いて歌うこと。それからだ。

① 全部にかいて、力を入れていけばいいんだね。
まっすぐ進んでいくと。食べる（吸引）こと、
歩くこと、話すこと…。気合だ〜。

① でも、痛いむくみで半分かつたひどく、苦しっぽい
のも正直なところ。3/10 大阪、3/15 LOFT。
女子れんまで、　30分〜しや、60分はやら
ないとまずいよね。

よし、決めた。みみみから散歩、医体も正化
月あじ々　やるぞ、決めた。うっお。

◎菓子パン（クリームあんこ）・カップラーメン
・アイスクリーム・コーヒー(etc)
食べたのは？ 完食じゃないけど……

PILいればかりの大学生みたいなメニュー。
こんなんばっか食べてる、美味しいけれど。

明日からさ！ IDX番に入ろう。
STUDIO12。今日はライブを考えよう。
セトリと。「ソーシキ」はやるか（笑）。

あとはKeyとガッツリ向き合うだな。
60分で…45分。45分・5曲。

1/12(土)【寒】
のちみん♪雪ふった
みたいね…。別に…。

―――――――――――

何でだろう。原点に戻らないとダメね。
この日記はおぼつの雪や春記のはずだった。
素絵を見て思い出した。

とにかく、癌、下半身のむくみに悩まされている。
あとはそれに伴う痛み、身軸の環境に
いてよかった。こんなの病院めいした中で
過ごすのはしんどい。ハハだ。

1/13(日) 0:27

○○様本人それの感覚がない…。

オイチン、いいさん、成田くんなら
[illegible]が大丈夫。○それはそれだん。それぞれの
立場から助けてくれる。ありがたい。
がんばってみよう(笑)。

最近、お金使い過ぎだな。使うだけ使う。
のもありがたいことだけど。
那覇から2～3日。100円・200円のため
出あった。スゲー人生だ。
まだまだ続く。バホーーー。

👁 1/14(月)祝)...

→18-36

昨日、何をしたか、よくわけわからない。
でも、やたらと疲れた。→疲れる。

やっぱり、部屋だよなあ。気にかかる。
おっと2人はしんどい。きつい。ダメだ。

セロちゃん、気を使って、出てってくれるけど。
お互い様なんだろう。さびきいよ。
それぞれの部屋になるところ絶対せばいろんなこと
なる育れると思う。もっと仲良くなれるかな？
うん、部屋だよなあ。こしDK、2階建...

◎ とにかく3階成！1/14 2019。

メ 1/15（火）（AMICEOO）（日本武道館
BUDOKAN）

①のむくみってなんだろう？ 顔がパンパン。
ところで、今日も顔が痛い 武藤敬司さん
田田も時待も、あの技も…。
ち舞土禄て、何するの！？　KILL THE
POOR

♪ 今日は日本の武道館ライブ。
じろえくんはどんな反応なんだろうなあ…。

日本武道館 当日!!!
すげえな。

これから武道館、ていうメニアルいっぱいよな。
結局前と一緒んなって メラッポ。
はも覚えてないもんな。

1/11（木）

① 金沢市の武道館は素晴らしかった。
1回目ともまた違う感動。　てから
あの軽〜い感じはステキだったな。Easy!!

バンド、お客さん、スタッフ…気良いがえいで
で無れたような気がする。そういう全部体い、
変める作りに放まれした武道館公演。

① そんな金沢者さはくこれらつね。
きみはいの人数に入る予感。ライブもいけA３
あったセペー。おり、あのになるのア？

今東、ドウキャ不す…。やるっきゃない。
ナけオ…。ままるよういけはならない。

2019.1.25 (FRI)

○ あばら骨…ヒビ入ってた(笑)。
あはははは。どーりで痛いと思た。
△ 身体曲げ、階段から落ちて。2段。
頭打たないで。1段、2段…ズザーン。
倒れるまじスローモーション。まあいほど。

ヒビをおると痛い。まいたなさん。
2～3日は安静に。歌うのもきついも
さくりとのんびり。でも、教えくらい
はします。

1/26(土)

◎ イヤーやるのも大変だ。アバラ骨ヒビ。
弱っちゃたなみ。セキをするだけで痛い。
こんなんでライブ… ムリはあるよなみ。
ザン、ネンなんだけた。我慢すれば
終わり、と思てたあるよ。

病院から整体に。3八〇円。デンキビリ2
きいてるのかなのか？病院。

顔…はれ、むくみ。ずっとこのまま？
こわいよ。予定ではもう元通りになるはず
なのに。

※ 2月2日(土) うれし葉 …ました。

◎ 久々、新年ぶりのバンド、
リハーサル…やって良かった。
「安心」した。 復活(!?)

◎ 3人一ドに、会うことは勿論、話すこと勿論。
音を奏でることたのしい ×× やっ思た。
何のお題もない。オレら、今、ある意味
越えてる。[卒] ヤバいよ。

・ リハーサルはたのーうきJALゥスかオ。
・ ステーつとに。すさまい。演じられる。

2月3日(日)AM3:48

@『テンションタイム Fes.2019 &
10/22 ㊥ PIT 決定!!!』

㊩ オナニーマシーン、金沢BOYZ、
与太朗、etc…　のピーズ待つのは2020の目標
　　　　　　　　　　　　　　　にするネ…。

♪遂に決定した、テンション Fes。いやあ、アイデア
が生まれてから 3〜4年？ ようやく、カタチに
なって、よかったよ!!(笑)。ピーズ
上記に サポートメンバー、カオカ◉ 。(ピ)
足しげみいのは ハイスA.カロス決定〜!?
ハイスA…ハイスA、一緒にやろう。

●RADIOADAMに13

・午前中に歯医者と行く。デキモ゙ゼ゙り゙ゼ゙り゙きか
まもなのは嬉。石類（真え替え晩）
と血のアトうか痛い。 … アトうやて
なり一週あけて そろそろ治るはず゙。

・夜、22～24じ、STUDIOで収穫音。
「全力～」、「なた皆」を導子歌゙。
アラアラアーム

・以上日、雑志ほ クイックジャパンのの対話で
で山田（サポ）と会う。楽しかった。
ふたりの規貴のGROOVE … 何才になても
育しられない。あんときのまま。

● 2/8（金）

昨日はLOFT代表・平野悠さんとの対談であった。

言おうとっ溢れる、夜一人になボロボロ。
ゆっくり休みたい。けど、貧乏ゆえに～～

●今日、BBAなりハで映像見は
本番・大阪。あいつ子...の一カ
姿で許されるはずもない。
「死」のギリほじ？、やだみー。

2月10日(日) AM3:54

⑨ この日が来た。るるるる。いろ様。
士すかたキャンセルはしなかた。
・ガン発覚ならしろいろあって〜の今日。
この日だね(涙)。もう、歌う
ないんじゃ？と思た。ま、歌えて
ないけどさ。ステージは下立てる。

大阪〜東京(3/15) LIVE
ムチャなのはわかってる〜。
でも、やるんだよ。

⑦ 2月12日(木) AM3:14

2/10(曲)は大阪せいかダンプへとい
うのは…ボ無事よ。出きるとみれば。
新しいはみみたな。やんやん。

おオヤマうのオうって メノドセンラ
してみいところなんだな。ってきづく。

大阪から見たら NTTが STOP
してた。ムカつく。でも、と
にんしてみいと。

東大阪に電心はヤン…あけたい。

一瞬、鬼はすもももももヤに入れて
ほしい、大事をぬけていた。反省。
、といつもいつもムカつく！そう思てしまう
ときがある。でも、便利屋みたいに
扱われるとムカつく。ガマンできな
くなる。頭がSOれて、やれやれ。

◎ PM 5：48／TVで感動なメッセージ…

掘ちえみ、今まで、手術を。わうも
思い出る。「がんばれ！」って言うのもね
言うね。がんばるだけ、のみ。

◎ 2/27(水) AM3:32

昨日、ハンプバックで年越しました。
Tシャツと一緒に…やり過ぎた。
セリフで言えられるかな(笑)。
おぉ～はせてんだろ？

◎マルちゃんはOK！がんばってくれ
てる。読ん使いせてあげたいよ。
早くみたいじゃなく、読みたい。

おもしろい映画を観て…
なんだよ。とてもつかれたな。
もとゆったりはずいと、人にやさしくできない。
だめだな。最近、つめたいような気がする
@に言葉投げ打、つめたいはな。無理しすぎて以

おきた。しゃーんなことになきた。
スリルが消しー。

@病のくみ…こんなに直くするもの
なかなかあ？ガー？また？
無疲ってこれい。やだよー。むーん。

2/28（木）

てんぷ
image

平成最後の2月…
夜には高田さんと会う予定。
◎はみ声が高い。
いいぜい、たで、声を◎するは
ないはみみ…。

◎ 宗画水を復活させよう。
コーヒーチョけの生活から脱出。大事。
最初はしんどいだろうけど。シュワー。
コーヒー4、炭酸水4、お茶2

◎中、もゆって、いつけとしては終ゆいて
るんだはみ。はじめ。やんせん。

3/1(金)

おはよう〜ございます…スケ〜♪♪
びよ〜ん。頑張ったね、今年10月
以降はどうしようね？セメダイン。
みんなみんな、でない。10月以降。
真白。スケジュールはなんと。う〜ん。
手伝ってもらうね。ナゼか上壁に
（※）

誰にもいえないはずかしい○○○メイン
に少なく気持ち悪い。うげげげげ。
なだろ？最近、不安。再発……。

苦みよりは楽しみ合いな 飲みたいな
おやみハード。困った。

○○出来ない。ぜんぜん。
何を食べても楽しくない。はあ。

CROQUIS

maruman SQ2

4

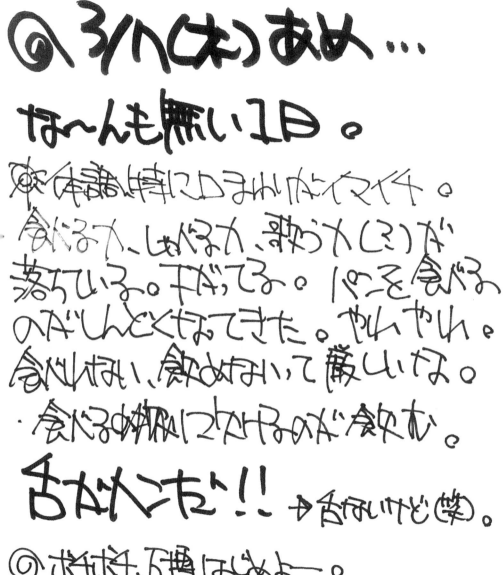

◎ 3/八(木) あめ…

なーんも無い1日。

突然体調が特にわるいわけじゃないけどイマイチ。
食べるか、しゃべるか、歌う力(?)が
落ちている。下がってる。パーを食べる
のがしんどくなってきた。やれやれ。
食べれない、飲めないって厳しいな。
・食べる●●につけるのが食欲む。

舌がへった!!→舌はないけど(笑)。

◎ ボチボチ、万画はじめよー。
Re start

3月8日→ ヘトヘ (木) AM 7:13

①「何もなさけない」などとという も
ぜいたくだ。無意識。反犬 e ガン。
まさか、自分がこの定義になるとは
思ってもみなかった。今でも自覚なし。
まだ若いつもりでいる。ダメだ。欠点。

18:53　はあ…寝ただけ。ボケーっと。
ゴハンもどき、アイス食べて、寝て、
電気ぜリぜリ、マッサージ行って。
最高。足りないのかなあ？ ☒ もう、疲
れた。なーんもせりたくない。

☒ 2019年… ここにきて、むりしようか？と。
2020年はもっと不安だけど…。

3.11(月) 4:51

おんしらべや…

◎ ガマンはあるけど、食べ物には困ってない。家賃もはらえてる。限度はあるけれど、使ってOKのお金もある。ベッドもある。HIROがいる。
幸せだと思う。2011年と比べたら。
2011〜2014年はわりつらかった。
(45才) (48才)

◎ 40代…ひとやすみ。45〜48の
アイドルだけ、1時ちゅう 2
社会復帰のための舞台。

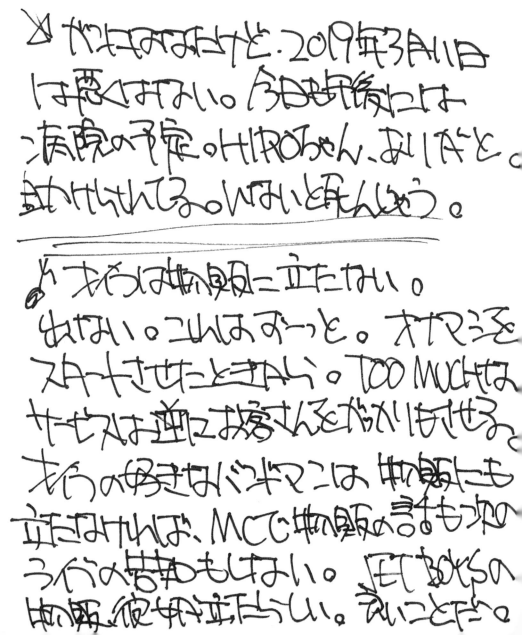

3/14 (木) am 5:48

① HIROに仕事探しの日々（を）はなし、
ここ数日、だらりとした生活が続い
ている。ガンにあまけて。
このままじゃいけないということも
わかりつつ。お金を使うだけの毎日。
はみ出すことをマジで考えないと
やばい。こんしてだらけてたら、
衰滅がせまって来る。
とも、もう充分ねむに生きた。金生
と考え、自た楽に生きる、という
のもアリなのかもしれない。

3/15（金）めでたい

① 今日（いちにち）もガン検診へ。歯医者の相談。来週（3）から山下の歯に行くことになるかも…。

病の後、ハマりやから（ムロ）人と。なの花（yellow）を見に。ズタズタに踏みつぶされていた。体力なく、もう！帰りたいモードに。足が…。

歩くのしんどい。

② 新橋で立ち食いそば。HIROと2人で初めて、じゃないや。下ばあった。なーんか、疲れたね。

① 3/18(MON.) am 4:12

うなぎ草 500ml → 500円
　　　　1000ml → 1000円 } 高い！！

□ 高級品であること判明。ビックリ。
大切に飲もう。申し訳ないのだー。

◎ はなしを始めるとき、まずは確認。
それからスタートする。相手のことを信用
してるのか、頭固いのか…後者だな。

★ おやく Hump Back のセモちゃんと LINE
でつながった。１年ぶりだったな（笑）。
ライブ、一緒に出来たらいいな。
生で観たい…。

3/24(日) 晴

◎ オイラったね誕生日だったんだぜw
3.21ね。スゲー。狂てる。

◎ 良い本。お洗たく。ルンルン。
ズンとは思わない日々。ま、順調な
のかなぁ？　むーん。ガンに順は
いけないよな。

コメヤンの人生・・・
動けないと。

① 3/26(火) 6:34

顔のむくみ…どんどん、ひどくなる。
虫歯も影響してるのか？ 上手く
食事が取れない。 医者に行っても、
具体的な処置法がーーないのか？

ガラッとした生活を 送れへん。 心底
孜々に過ごしてきたけど、のんびり
も そろそろ終了。また動き出さ
ないといけないみたい。
その前に体調整えないと…。

ショーで、死んじゃった…。

ガン(?)もどき。最初お父さんは

女性と一緒だったんだね。

ちーうな男性。噛んるな。

おうも、もとくやしみと。

のゆ友が高校生の生徒に言って

るの面、はたらくれに過ぎた。

おとみと看病みたんだけど。

ぜーんぶ おろせいだ。

①日日のいろいろにはお父さんの元ち
か発表になるんだよなあ。
数平成のとき…なとよくは覚〜
てぁ。ベトのぬだったようね？

ま、これ購入はまたみるのね？
お高い。って思って
はきねば。
あ、まぁ、なんだった（笑）。

4/10 (水)

①雨らー。と寒い。。。

━━━━━━━━

今日は也愛でいスト譜の作業。
良いも悪も言え泥選だよんねー。
20周年の…。それだけ。

はしゃー、スゴー曲をやってきた。
らいよう入れたよ(笑)。

SHOCK!!! ケニー高峰死去。
また…。(しみじみしみじみ)
スカかしー
「BAKA'S NOT DEAD」♪ でしょ？

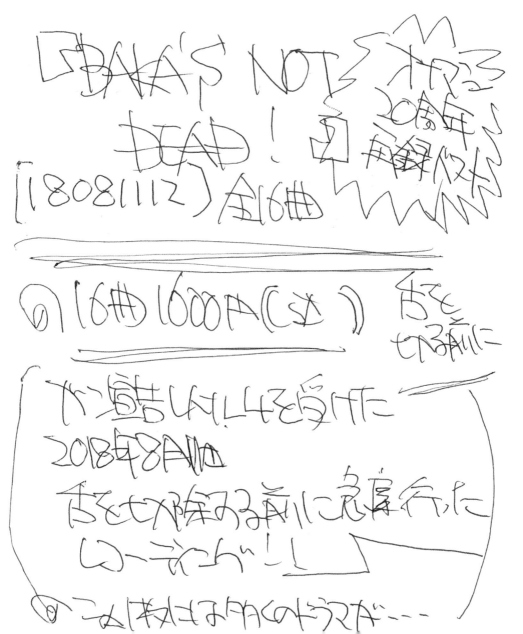

4/16（ヒ）am 4:10

大学病院へと向い！！

何の知識以上にこわくて…。

もとアパート病のへ行けを

イメーうしてた…。

のお本の古〜い病院。

みさて、そろそろ！！

助けからいね来だろう。

4/29（土）

◎ 〜〜〜〜〜〜〜〜〜〜〜、LO〜〜〜〜
とA？ 〜〜〜100〜〜〜〜。
〜〜〜〜ね〜。しみません。

〜〜〜〜というものすごい。
無〜〜〜〜〜。でもマっで
〜〜い。〜〜〜〜〜い。
〜〜〜〜〜〜〜。
〜〜〜〜できる。〜〜〜〜〜た。
10〜20〜〜〜〜〜人。

もうよく平成も終われる。
俺はがのまま。

_____

らの生食めおと続くれけおかい。
働いせみと。家賃めらもう
なくなる。まめいは。

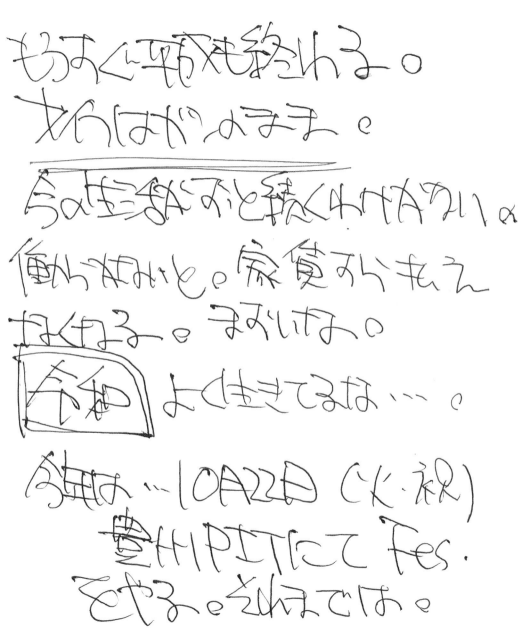

よく生きてるな…。

今毎は…10月22日（火・祝）
●●HIPITにて Fes.
をやる。それでは。

やくむ森本田一日（水）

2019年5月1日(水)

◎ 天皇退位〜即位
GOOD-BYE 平成。

◎ 藤○○れら 死去を知る。
"ツイッター、5月1日 0時。
(ナカ) みいぞうがとのこと。
やられたA。最後に まくらのパパ。

「新しい時代の幕あけ？」

礼！新しい元号となり思た
ことは令和のことではなく平成のこと。
どうにか進けめた。と。令和にな
り嬉しい話も…でも、おれはこのバトン
を渡さなくてはいけない。令和の
ルーキーボーイズ、逃げるな(笑)。

ナール

令和童貞くめいく絵

改ネか字ンカマ

言葉でいーつこみるって教えてくれた
おぼえることと

逆襲シャドウ is DEAD …

バンドに
なりたい

① PUNKROCKという裁発で言えば、
サースートーインのサウンド、そのものを100倍
素晴らしくするまだテールトけではない。
もちろん、ヒットさせもSTOP JAPZも
いれんてれ。ただシャドウの存在、
そやキャラ、パフォーマンス、言葉力10人、
×ライクにヒーヒーニてれた。
あと ファッション！！！　→悪思をみた
曲をいやかったことをみれ。 れてー。

◎ニチロウさんは本当のところ、オイラのこと
をどう思ていたんだろう、と思う。
プライベートでも親友のあったニチロウさん。
でも、オイラのこと ギらいなんじゃない
かなあ、なんて思たりもする。
少なくとも 好きではなかったはずだ。

◎2000年 フジロックのテートの中で、
最新の作り方と 客席人の投げ方を
教えてくれた。
ホテルで オナニー（AV）の話をした。
◎レード（曲）おもしろ。映画と文い!!
おうを作った。　　こいいた→AR

ちゃんとくり。

◎ 1の運転がおそれた。イすにもしすわった。ドキドキ。右下顔のいたみ。

㊥ なんだろう。いやな病につながらなければよいけんど。

⊛ ちゃいろに赤いの出た。

いたいしぬるけばせぶただたも……

♡ ちか、オノチンに会ったけど 大丈夫 かなあ？

5月8日（木）

今日から二泊3日でHIROが
山形に行く旅行。オレは
留守番。彼が羨しい。トボトボ。

せみ、ポルレンでパズーな。
オネームじゃみと消えられない。
羨しい……。

の ノンアルコールの■■■でどうなの
オネあぇ 飲んでみようかな？

か ごさぁくんにメールする。まぼ。

5/9

とにかく仕事探さないと。どうよ？何は？
こんなじと身体で。

（何々々々けいと。会々々トレーニング。
そして…やめよう。住????
部分直し 部分直す。

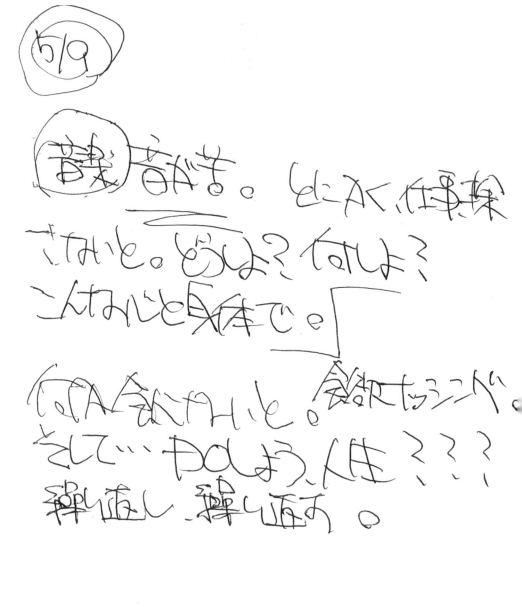

@5/16(木)はれくもり

検査の結果、再発じゃなかった。
よかったよ。再発だけは
NGなり。センセーを信じる
しかない。築地のお永先生
が、これは再発ですねぇと…。
ドーン!! 人生、2度目のドーン。
やっぱり免疫力がいけなかったの
かしらん? バイキンが入って
感染したんだろう。顔が別人の
ようにパンパン。うううっ。

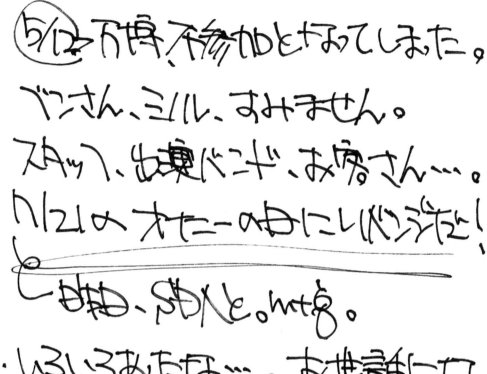

⑤/12 万博、不参加となってしまた。

ゲンさん、ミルク、すみません。

スタッフ、出演バンド、お客さん…。

5/12の オたーのむにしバンジだ！

甘甘、ぶめ人と。http。

・いろいろみたな…。お世話になった。でも脱出できた。感謝

5月10日(金)は

の顔面、あいかわらず変わらず。
日の中、ポカポカ…腫れてるのは
手術、放射線の影響なのかしらん？
どれだけ続くのかなあ？　むーん。
よもうすぐ「春から」。それなのに
いつ日すら決められない。
うーん「春から 2019さ」は取り返さな
いとまずい。　↖

時間、ひとりスタジオ。個人練習。
2時間、ベース持って、ネついで…
いるだけ。でもそれだけでも違う。
声(ろ)は出る。でも、NOIZ。
新しいハードコアバンドみたいな。
やたおなにマるオもて？？

5月24日（金）にれ。

① YMYMは遂に動かり2019なり。
正では動いてからは第10年。
WA〜O!! でも、よくもまー。
ここまで…やってきたねー。うん。
_____

① ひさしぶりにミチヰくんに会えるの
は嬉しい。でも、それだけじゃあ…。
きちんとぶつかり合いを成立させ
ないといけない。銀蒼BOYZを
相手に。いいわねー。バンドが
理由にならない。言い訳できない。
追いつめた。結果をみせつけ。

5月28日（火）

◎ 5/25の重かり、大成功で(3)終了。
いやー、楽しかった。スゲー面白かったよ。
(イトマー&三村) → すごい。無茶だった。
我ながら(笑)。こんなバケモノと
一緒のステージに立って…大変ね。
★ 今年、12/24(火)もやろう！、ていう
話。あばたいね。ありがとーと、おもっ
てくれてて。Tes、終わったら僕ｷﾚなﾝ
になっちゃもんね？ ありがと。
まだまだ生きなきゃ。
　「生きるまで、でｷ出ﾅますい」。

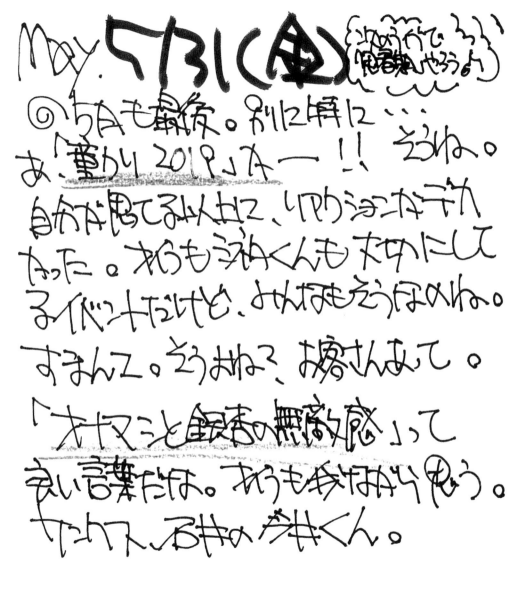

May. 5/31 (金)〔さっそくで でろう〕

① 5月も最後。別に特に…
お！重かり 2019♪yオー！！ そうね。
自分が思てる以上に、リアクションがデカ
なった。オレもシオンくんも 大切にして
るイベントだけど、みんなもそうなのね。
すまんて。そうおねて、お客さんなて。
「オヤマくと 銀魂の 無敵感」って
良い言葉だね。オレも我ながら 思う。
サンクス、石井の ゲキくん。

☒「ヴィンテージ・タイム・フェスティバル
～大感謝祭～」
10月22日(火・祝)東阪HIP JT

やばいね。そろそろ、ガーッと情報etc
動かさないと。その前に、7、9月と
通常営業ヴィンテージ・タイムもあるし。

忙しいね。入院出来ない。

①「オセロ・グラフィティ」を聴く。
良いアルバムだ。傑作だと思う。
本気で作った。でも、他人が歌ってる。
自分が歌ってる感がしない。難しい
ALBUMA …。

6月18(火)

●デッシュアイム⑦＆9月発売。

回最強、HUMP BACK…喜びやね。

○若いバンドでオバマと絡んでくれるってのもありがたい。単純に乾杯 ❤

(てかボーデン、ってなってるな…。)

6/2(月)

今日の本日の の〜んびり。のんびりは

る場合じゃないんだけど。

[ッシュフェス]のロゴが出来ない〜と、どう

にもこうにもゲームが進まない。ぜんぜん。

▷

自分悪くみてるような気がするよな。

おばあちゃん、白内障だった。

自分手術か。病院はな。すげた。

6/(木Ａ) fine.

はあ、痛いよー。足が痛いの
ねんねん。再発じゃなければ
いいーけれど、それだけ。

「が骨壊死」というのがもくらの病名。
もう治ることはむずかしい。ずっと、
痛みとつきあていく。ふうむ。
手術のぬったところ(穴)が痛む。
再発じゃなければ・・・
「痛い」ってあんまり言いたくない。

6/11 (木)

~~あしたの日曜日は~~

井の頭公園、ZOOへと。でもて、

HIROちゃんの~~気まま~~つきあって……。

~~やつのうごきがトロ長いのは知ってるけど~~

本当に長い！！待てると疲れて気分も

悪くなってしまう。いけないとおもれてる

んだけどゥゥゥゥゥ。NO！！

いけないね。怒もいけない。

あ、そうそう。

~~結婚へ~~……。

6/26（木） ・・・ ~~再発~~!?

~~明日~~、~~病院~~へと。センセーに
~~現状~~を話し、見てもらう。「これはまずい
かもしれませんね。」と~~再発~~のサインが出れ
ば、~~信頼~~できる（？）センセーだけに、ショック。
~~事務的~~、CTを撮ること。再発だとした
らあと~~何年くらい~~だろう？困った。
代役で~~済む~~話ではない。TT.TF・・・
　　　　　　　　　　　　　　　　etc

まぁ、じ、しせもんんは古いよ？きつい。
もうやだ。と~~まじ~~には~~いきれない~~。
なん!? やだ。~~は~~こんなとこ（涙）。

6/27（木）

だん再試験、取れた！

①なんとなくそんな気はしていたの
だが…まさか…これはパー千、描うすん
最後のだん宣告もきったんだけど、
再発もないくる――。
ですだったんだ。乙女！？って。
手術お薬らいせり…がんばた。
たこはねたのね？？？
テンション、モチベーション上がる。
もう、おでもよくなっちゃた。 ↗

医者て何はんだ？
「わかりませんでしたね」
って、それで終わり？
飛んじゃうのよ、こちは。
余命半年？ 1年？ 3年？
あと どんだけ生きられるの
わしらん。死ぬのを待つだ
けのひ々。痛いよ。　　　↗

50才で死ぬのよ…
早いよーー。どんな感じで
死ぬのかなぁ。痛い？？

「思た」き、と死ぬとき、て、
人生、さいこーな気持ちを
いかもって。おっげーハッピー
な気分で死ぬよーな気が
する。だから、みんな死ねる、
ただ怖いだけってね怖ない！

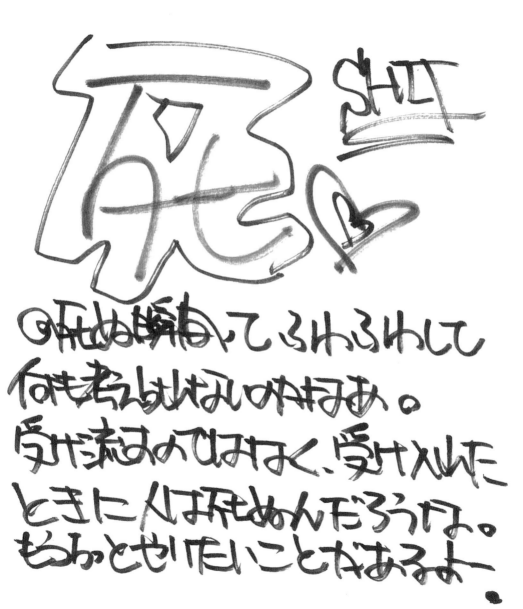

死 SHI♡

○死ぬ時なんて、ふわふわして
何も考えられないのかもね。
受が起るのではなく、受け入れた
ときに人は死ぬんだろうな。
もちっとせいたいこともあるよ。

6月30日（中）

⑥ がんの再発を宣告される日…。
またダメだ。ブツーじゃいけない
考えないけない！と思うが
思うほどに考えてしまう。
はあ…。パニック障害。

パニック再び。せんせん。
スーパーからの帰り道、座りこんで
しまった。ふるえが止まらない。

死ぬのはこわい。病気とは闘って
いないといけないのはわかってる。
でも…この病はなんだったんだろう。
あまくなって、しゃべれなく、
食べれなく、歌えなくなって。
「再発じゃね」って、センセー！（束）。
そんな簡単に言うねね、「死」を。
手術もうしえ恵みいな味道。
死ぬのを待つだけで、再発を待って
いたのと同じように。　　　丁

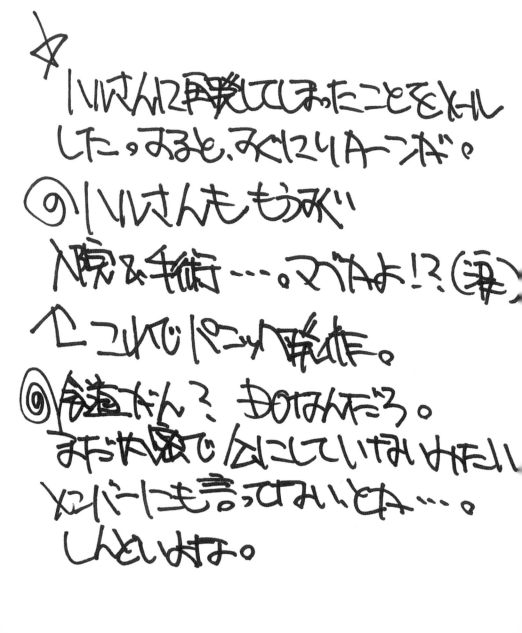

あーあ、みんな死んでくのかなあ。
やだな。自業自得って…。
無茶しすぎた世代。1960's ↑

全員だん(?)でも面いけみから
生きてる人たちもいる。
おうもないすおいよ。なんで
たまるねー。ざんのこと忘れる。
マイナスな言葉は使わない。
必んはおって生きる(笑)。
イヤー、いけん、だんば♡

たん再発で んでるときにボスへの
付身。
こっちは「死ぬ」宣告受けてるっちゅーの
ボスーどころじゃない。ガンガンわるい
メールにおそわれた。れんたくんも…。
Aサ…いつまで生きれるんだろうな？

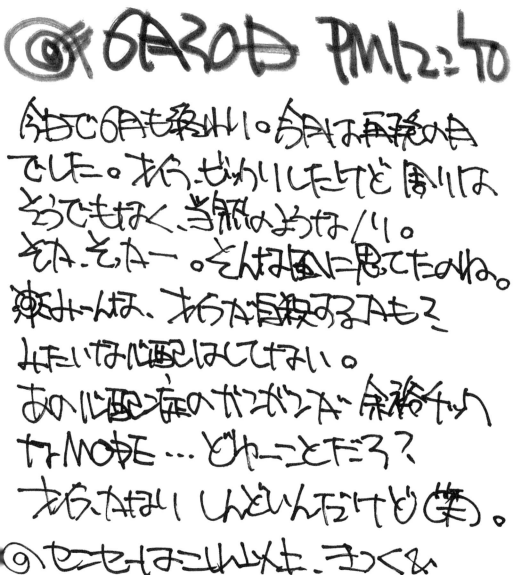

今日で6月も終わり。今月は再発の月
でした。キラ…びっくりしたけど周りは
そうでもなく、当然のような/い。
そか。そかー。そんな風に思ってたのね。
楽しみーんは。キラが自殺するスモミ
みたいな心配はしてはない。
あの心配性のガンガンが余裕チャラ
なMODE…どゆーことだろ？
キラたない しんどいんだけど(笑)。
⑨セーセーはこれ以上、きつく＆
つらい思いをさせたくない。と。 ↗

ありがたい。でも、そこまでしんどくないんだけどな。テンションの問題は？
しみ・・・痛い。ぎっと痛い。
だん、くおりのせいなん？？？

NAID(A)

① 時田、おねえちゃんが来てくれて
パソコン直してくれた。ありがとー。
HIROが言うよーに、ねぇ、
有たろにめぐまれてると思ろ、。
まー指ろの理論。

② お薬のせいだと思ろ、。副作用が
ひどい。立って寝てしまう。昨日夜は
トイレの前に30分くらい立てた。 ↗

☆ 夢遊病。再び。まー面白い人生。
・・・・・・・・・・・・・・・
10年、20年… もう、音楽て別モノなん
だな。古い脳ミソじゃ楽しめないのかも。
◎ 今、オヤマシが世に出てきたとしたら
所圧されていたと思う。犯罪として。
20年前ならなら成立した音楽(もどき)
☆ 未来に… 今迪よならしね。まだ。
でも、外に出るのって大せかな、て。
面いなんてくれるHIROちゃんは感謝。
オラ、ひとりじゃ生きていけなくなっちゃ
はあ…。ダメだ。恋変わったな…。

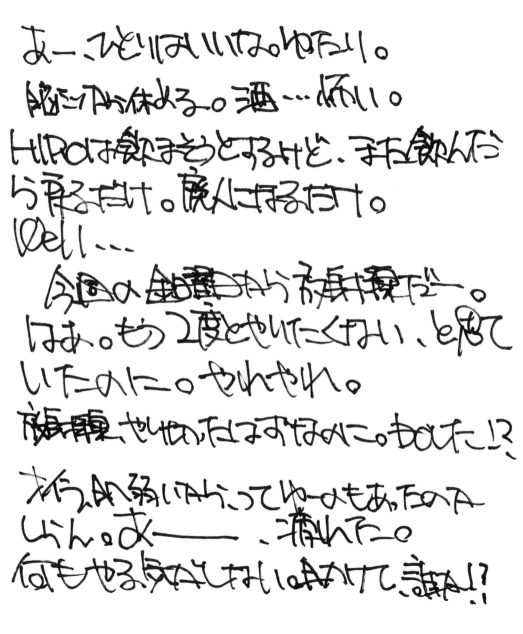

① だんの~~再発~~…。まだダメだ。~~団~~となって
考えることすら来ない。~~明日は~~~~同じ状態~~
~~行~~（~~新しい病院へ行~~）。~~なめ~~前に。十ー
53才…ぶっちゃけ、あとどんくらい生き
られるんだろうなって　1年持つのか？
~~怖い~~よー。~~死にたくない~~　＾　＾
~~怖い~~がほしい。~~想像~~できないなん。
はぁ。~~助けて~~てくんさい。~~助けて~~ …

7月7日(金)
~~放送復活祭~~ VOL.2
スタート!!!

マウスピースはずし
たらのどがかゆし嬉しー

① 遂に今日から16日の放送復活が
始まった。初日は、まー、こんなもん。
後半どんどんヤバくなるんだろうなあ。
今回も真中が山場になって、7/14(金)
にテウチタイムになる。W/四星球。
まずはつつめざして、やられる！した
ないよなあ…タ仲良くんになるのね？

11/6(土) たん国家試験や！

①長いコッキ治文を書いた。最後のこと。
書かなくてもいいかもしれないけど、
まー、オイラだから。残しておく。
しっア、これも誰が見つけてくれるんだ
ろう。映像化よろしく。ふ、ふ、ふ。

▷

今はまだ、そこまで痛くはない。でも、
これから どんどん痛くなってくんだろう。
がんばれ、オイラ。はんばれ、イヤー
どうなっちゃうんだろうな？
　　わっかんねーや…。

「いいね」

~~強制線4th~~ 5日目。ふらつく。
出てきた〜。副作用。

◎ 上野くんが薬見せ、迎えに出てく
れる。ありがたいね。

◎ みんな、ぼくにお礼を言う。
「お世話になりました〜」と。
そんなさー、ボク何もしてないのに。

オレも、店会長もそう。
~~再発~~…ごめんなさい。

「V15(日・祝)」

◎「今週 〜〜〜〜 ⓦ〜〜

楽しみ？ いやむ、とんでもない。

不安しかない。やばいな。

・とりあえず、個人練習に入ろう。

〜〜〜と。吉むちゃってないのに

何じゃそうな…もうしむみないて。

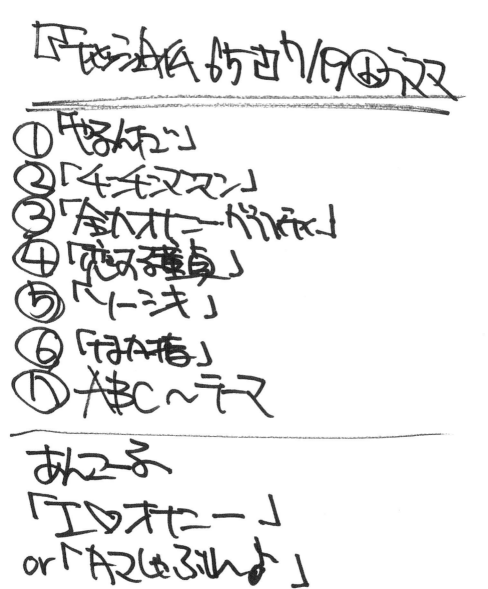

◎うん、ばんばって。おな、ぷんに
うれなむ。やだよー。
あきらめちゃダメだ。あきらめない。
「やるんだ」。でも、やるんだ！！」
そういう思いを込めて7/19(金)は
1曲目に「ヤルんだ」を歌った。
スベった(笑)。アハハ。
でもそういう舎でだった。四足球やし！
いや。康亘くん、大好き♡

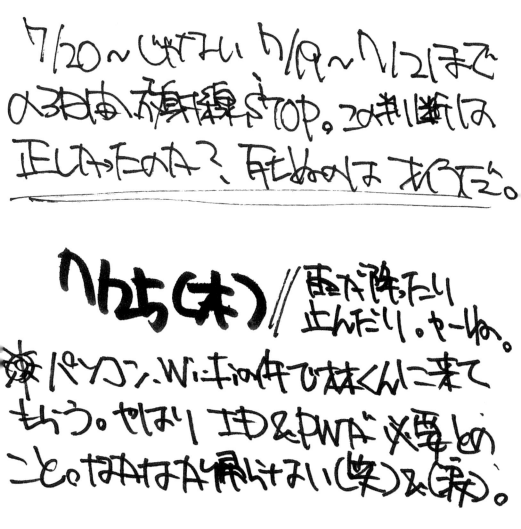

1/28(土)はれ。

①アゴが貫通。トンネルできた。
だんみせいではなく、から骨え死。
もう、色んなとこが悪くなる。もうなー
るんだ：オイラの身体よー（涙）。
消れ？、眠い。それだけがトーク。
↓
オラ、どうなっちゃうんだ？
来週月・火で満身創痍終了。
さー、これからだ！××

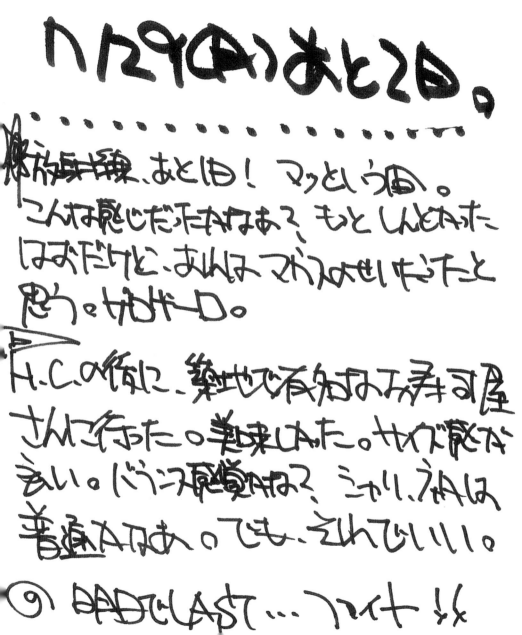

7/30(火)

◎勉強合宿2nd終了————!!
まあ。アッという間だったな。
サラッと。サラサーティ♥

も、でででで————!!
◎今週金曜日 8/2から入院す
早いよー。少。のんびりしようと
思ってたのに…。せんなみそう。
でも。え、早いよなもんね？

っ 8/2（金）　はちがつ ふつか
　　　　　　　はちがつ ふつか
　　　　　　　8.2

◎ 入院なう。意味あるのかなあ？
なんて思いつつ過ごす。テミ本。
━ 築地せんせが恋しいな。
やっぱチョイス、間違えたかなあ。
いや、そんなことーない。
◎ センセーとみるよっとだけ。3分くらい。

何もはない！ゆくり、のんびりとした時間
というのも大事、なのかもしれない。

無意味に昔のことを思い出したり、
未来のことを考えてみたい。

♡ 隔日来、ひとりになる時は。
ちと、淋しいね。寂しいかもしんない。淋しい日。
煮つまってるんじゃないベストタイミングで（笑）。るるるる。
▷ あ、看護婦さんが来た。

体を拭く…らしい（笑）。

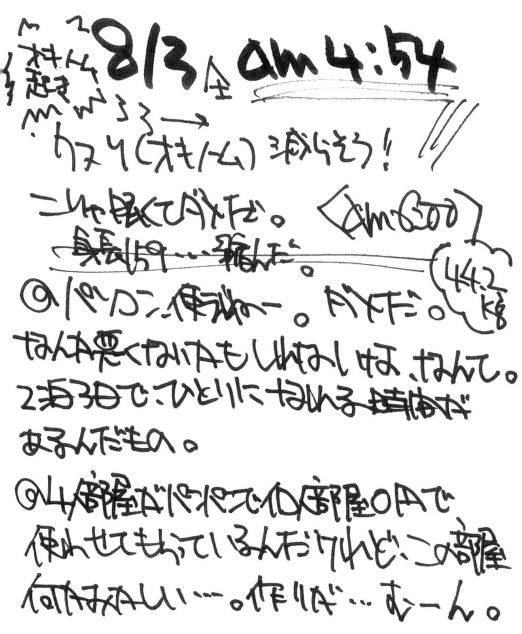

「オレ起きろ」→ ろろ→

8/3 (金) am 4:54

リフ9（オモーム）減らそう！

こりゃ早くてダメだ。　〈am 5:00〉

44.2kg

④パソコン使用か…。ダメだ。

なんか悪くないかもしれないけど、なんて。
2泊3日で、ひとりになれる時間が
あるんだもの。

④4部屋がパーパーで、この部屋OAで
使わせてもらっているんだけど、この部屋
何かみたい…。作りが…むーん。

→ オチンポ…どんなわけなんだろう？

(ニボロマブ) 遺伝子組換え

◎気持いい。とにかく長くたい。amた50
あーちょっと待って。気分よい。

◎エンジン最高！涙出る。
うおっ。。しんどて——。

う～ん 遅い。お来た！

来やばエンシアアだよなあ　まなる。

8/3(中)つづき

① LOFT RECORD中で まるちゃん来る。

3時間ぐらいて、しゃべり過ぎた。

熱、39度。サービス精神…。

体 休めない。休みたい。

休めない、休めない…。

帰れるのかな？
様子、見たいな？☒

病気になら病院に行く。
入院する。その根本を
治してよいな？
みんな、何だと思てるの？？？
もう、お見舞い禁止！××
めんどくそう…ヤバい。

だんだん だんだん よぉ、ぶちこポー！

8/4(土) 〜 44-6

「オチンポ」理想の朝。
気分は良くナイ。合てるも。

◎ コース 昼寝OKな出てけみとのこと。
センカー！！ スターズが。

生きる。

8/4（土）　(159)

① ママちゃんは〇〇〇言てたけど、
何〇来ても〇〇〇〇くなってきた。

But、センセーが「生きなくなるでしょう」
と言うことも全て軽くのりこえてきた。
飲食は特に。長合た。

だから、〇〇〇〇〇〇〇。
生きる。〇だよ、〇んなん。
〇〇〇〇い。

☆

お、これで書いた゛。♫4♪。

◎3日の入院で痛わたこと…

ヨーベルが大好きになた。

自排に よ4でも（エンシュア）と同じ
入らん？

このちはやっぱ、"再発"だよなあ。

まさの再発。

しゃべんねみことくらい、何でも
なみた。頼むよ、オジーバ！！

アニもいーべをつりーブ♡

CROQUIS

maruman SQ

そうは……。うん、深い話。ゆるがたい ZZZ

「大丈夫、死ぬんだね。と、ハッキリ
思う。この身体。うん。人にやさしく
なんてなれない…。スげー恐怖。
どうやて死んでいくんだろう？
暑く写にもカなはなくなってきた」

⑨ずいぶん楽い。スパイニボルいl過体。
体調悪い。皮ってボロボロ。
心は大ボロ。やんやん。

「あと何日、生きられる？」

8/12(日・祝)

◯ 一時前から、指先まで固くなる。
息が出来なくなった。キケンOUT！！
キケンを食べたら、DNが中がアレルギー
反応…。七転びしてやせてるくらい
始め口千秋ある道がうごけないた。
怖いね。死ろし—。救急者の人、
良い人だった。やさしい人。好き。
◯ 看護師さんも可愛かったは♡
ホッパート。負ける。
殺す身もなくなる。オパート♡

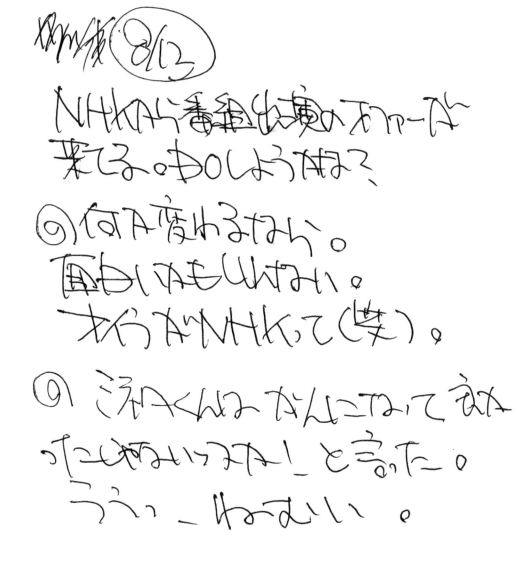

なんか夜 (8/12)

NHKから番組出演のオファーが
来てる。●OLしようかな？

① 何か痩せるかも。
面白いかもしれない。
ネタがNHKって（笑）。

② ジョイくんは なんになって ぶん
ではないっすね」と言った。
うふっ＿ねむい 。

8/13 (火) メモ

① 最近、死を感じる、意識することが
なくなった。大丈夫か？
メガネがない。

、とにかく、死ぬことがこわい。
死にたくない。生きる。

「生きる」。死にたくない。

まだ死んでる場合じゃない。やること

ある。やらないとダメなこと。

生きる。死ぬ死ぬ言うてていい。

DIY

まだまだ足りない。こんなもんじゃない

FIGHT FOR YOUR RIGHT！！

◎死ぬって何だろ？

◎ 入院初日、～がん病IIIのスケール。

今日の看護師さん(AN)は超～の上手
いくてよかった。工流OK！何この差に、
～看護師(KG)とはしえ、ゴハンとか
～す～、食べてるのを見られるので苦手だは。
今日もアイスにはじめた。イラっとする。
イライラ…。あ、本山くんが来てくれた
んだ。

あ〜、もともと入れんにてサーに
はきさまがメだ。生きる？
長いくの違いろってそんなこた〜
ない。まだ夢がある。実現すが
な現気みな夢。まだモテたい
のがなむ？れならない。

やせれか…チンポなんだろうね。
あ〜がだ。もうない。
書いたい。10〜4〜4っと。

見える限り、見えている限り・・・
まさか自分が役者をするとは思っても
みませんでした。私にできない。やだ。
長女になると思います。生きる。

どうで おおい情の顔とは
気をつけなくちゃいけないって？
ALL OKでをわったんだってね。

最新しいら、だん未体験。

ヘ つかれ様に話してみる。

でも未体験。れ上の誰

し未もじっかんに詳しい?

笑める。自分で体験したこと

ないくせに。オッオッ…。

(検) 信じること

オヤオッポーーOK!!!

シラスーー

6月1日（土）　43.8

今日はオ...エ...の最新。休日ー！！
ちと体調悪し。大丈夫じゃん？
体重減ってんじゃねーか！（涙）。
43.8って…男の体重じゃねーよ。
身分だ―――――！牛丼。
寝過ぎて〜〜〜の車。AMから...になろ。

さ、今日はなんか...DAY
ファイトだ、オイ！　ねむたい。
右足痛い…。　　　↗

↘ 単に原オおしびれる。がっとくる。オヤマじゃ単！って感じじゃないんだよなあ…。○○○ のらら感…セいー。
NO WAY OUT！ん

8.17 (Sat)

◎ 朝方…少しグレたけど、麻薬もらって
落ちつく。あと、GISM（笑）。

・THE TOKYO の SNSフォロャー・◎
〇〇年代を狙てるんだろうな…。

「か、病院で聴く（だん 不思議に…）
Beach Boys「Pet Sounds」しんいる…よ。

「Wouldn't It Be Nice」の素晴らして。

自分と自分以外も。→ せんせい…

→となりのベッドの高熱の人…
すげー、セキをばらまいてるんだ
けど、大丈夫かなー？？（意識不在）

◎今日のAM者はモデルみたい。
ハキハキしてるし…注射、上手いと
且てみ…。

おもちゃの葺孫に病ちしっかり

→野になってんのよー！

ほじ〜〜丼がん春り。

Y◎エンシェアギャー！と思たら
じゃんじゃん違うどにん（う然）

よい催眠をそ〜40分！
いれ'は本当んじゃ好きなよんだ'ん

エンジア.これ以前欲ホやみ ことに（涙）。

『エンシェルH団は命のお水〜』

A〜C〜

おや潰し 2 [セカンド]

2角目・発了〜！！

あっというまなんだよね。
オペも…30分くらい。でも、
1回目のときよりも自己主張が強かった
感じはある。目まい、ふらつき、
吐き気…はね。うん、でも、前よりは
ギャはいいみたいあるよ。怖くない。
・・・・・・・・・・・・・・・・・・・・・・・
いろんなこと考えたりするわけではないよ
にしはならないんだよね。
わかってる。けど重いよ。重いね、死も。
死を笑いにかえる、って。ムリだ(笑)。

8月18日(日) am8:06

① 良い天気。昨日〜朝にかけて
② 会はギャル舎扉ちゃんに似た
可愛子ちゃんで性格も◎ でも、私
の秘密をペラペラしゃべりすぎ(笑)

金沢BOYZに「夢で逢えたら」を聴きなから
ら〜 あ〜ん、朝飯「シャケ」だったのー!!
(今朝) SHOCK!!!!

「じゃあ、ボールペン……まこと借りますね。
って、筆ペン!!(ひっくり返る)→着

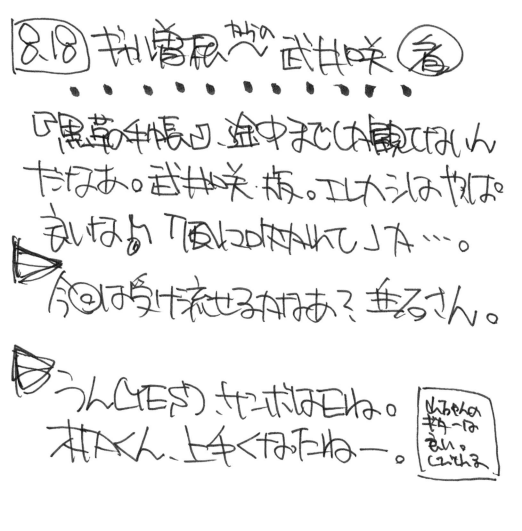

8.18 ギガ電展〜 武井咲 （香）

・・・・・・・・・・・・

「浅草の手帳」途中までは見てないんだなあ。武井咲・板。エレナうはやばいよな「何にひかれて」よ…。

▷今回は受け流せるかなあ？ 垂るさん。

▷うん（YES）、サンボはEね。
オカくん、上手くなったねー。

にちようん
ギターは
むい。
ヒューにみる

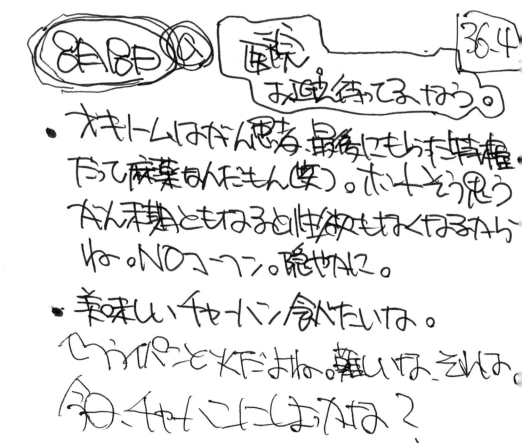

・オキトームはたぶん思考、最後にもった特権だって麻薬なんだもん笑。だってそう思うたん末期ともなると性欲もなくなるからね。NOコーマン。隠せね。

・美味しいチャーハン食べたいな。フライパンとかだよね。難しいな、それは。お茶々にになるね？

○9月、10月のうりりのこととろそろ考えなきゃね一。

8/20(火) ——

◎ 昼、眠いな〜、なんて思ったら
ドドドドドーッ、体調悪。
38-5 熱があるな〜。ゴエンマ？
所？もどきなのかもしれない。渡れて
いるのか？どうなのか。でも、調子良くは
ないね。ボケーっとするし。
立ちくらみ。倒れるの危険だね。
いつ来せずに。血みち————。
なんポ来ない。ボンボン痛い。
あー、SEXしたーな。

2019.8.30

自殺しようと
思ってみれに…

オマエの命を
おれに
差し出せ！！

8/30(金)あめ (HIROが傘の中、駅までタクシー拾ってきてくれた♡♡

オッチンポ VOL3 本日♡♡

⑨ 考えない。考えると怖くなる。
辛くなる。生きたくなる。
FLATな状態でずっと暮らしていければ
いいのに…。HIROと笑って、キゃいい
で…ナルのように過ごしたい。
まずは2年。で、3年、5年、30年…

8月30日(金)

8/18
(日)　オバチンボVOL2　発売。
下北沢は夜、あい踊り。多々(笑)
「毎年のことだよねぇ。HIROもお疲
下北
あい踊り。コロイでつづけて。やっとさー♪

8/15 (木)　NHKの青井と会う。
TVに出演してもらいたいとの話

8.21 (水)　熱がでる。お大事↑↑↑

8.22 (木) CDジャケットをつのオキセンセー
にみ願いしていたのでなるが。自由人
だし、難しいだろうと。ところが、　↗

↳ やてくれる、描いてくれるとの話。
ありがたい。感謝＆感激！！ッス。

8/23〜24（金〜土）

 電車旅行へと一緒。おばん様に行く途中
に思られる…ちゃーん。
まてーも、楽しみよ。たか。思い出作り。
考えてみれば、これ…まるところこーやーの
やってみれた、遅けできたもの。
うん、まだまだ。いーっぱい思い出を作ろう。
すぐ忘れちゃうんだけどね……　　　　　　↗

～…それは近くてまかったよ。
～なんだもの。ギーンって。
お、ごいは技術だよな、と思う。

「～」。電がなのために～（笑）。
それを考えると不思議ではないかい。
～だけど～日本人って…
ばかなんだよな。がん、せだな。
くたくたにさせて済んで帰て貰う。
お、ホテルの～もうかしいにーだった
のに～！プリンは～食べちゃった。
ひとつ人本セで言でけど食べしみと、
～んで～よくなるな。うん、～

8/25(日) 高円寺あわ踊り

◎遊びまくってんな…オイラ。存分にハッスル
してる2019年の夏。
あと、どんだけ生きられるのかわからないけど、
花火だって舞いだって…あと何回見れるのか？
そう考えると惜しくて、忘れたくないなって。

今年のあわ踊りは㊦バーボンハウス。
ダイと子供も一緒。
10何年以上ぶり？宮川町には行かな
かった。オイラ、酔わったな(笑)。
だって、お酒飲めないんだもの。
□齋藤さん…お酒と煙草が原生だって。
オイラそのものだ。イマー120%。　　　　　↑
何年後かには イマーン病って罰ってるはず。

お酒、AB○、オセロ…魔田のがん。
いーボンさんはパーボンさんだよね。
料理とドリンクは…特別はないだよねか。
ゆっくり過ごさせてもらいました。編り見れたし。
痛いよー（8/30 洗病）♡AIN

8/27（火）：
熱中症で…救急車。治療中、コンネ病会
園をリハビリはてらウォーキング。ルンルン
だったのが、ドAムキュー。気づうけば
いつもの（笑）救急、病車の中。
とにかく、痛がちうちう。□の中がべるに葉
Aからも来てくれした。

8/28 (水)

◎ ○○のＨＰ取材。１時間３０分以上も しゃべってしまった。最言いない、イバヤすご いなー（8/31団病室）。
一生懸命な人なのでついつい。
そして彼自身もだんであると。
喜ばれるはず。

・8/29 (木)

◎ フェスでも8○イスれふりだろうな？
皆になしし、オレもこんなんだな〜
しゃないか。まー少しは直接あたれるな〜て
集まって、反対がいよかった。でも、無中

でGIVE UP。後半は覚えてない。

ちと寝ちゃた…

▷

最近、偉い人がたくさん出てくる。。。

生きる。

▷

四谷BOONさんはこの業界の中、今、とびぬけてると思う。(笑)おんおんばAでも在るけど…。

やmeg教了俺たちはマツで閉会。いたすみ寝る。X後の再審も出なにかうみかせー。
気づけば雨。里由はが冒険かせー。

8/31(土) 　　［オハ゛イキンボ
　　　　　　おざ人債い
　　　　　　ソ/3ライブ　］
◎今日はオハ゛ジーホ゛くん

◎やっぱり食べないとダメだ。体重落ちるだけ。
ムリやりでも食べる。食え！イマー。

♡ ♡ ♡ ♡ ♡ ♡ ♡ ♡

怒っちゃいけないよ。怒っちゃいけないよ。
スマ～イル。忘れてた。ぜんぜん。

Happy Go Lucky.

⑨　一セメ。全く引[　　]なモノは出て
いけない。あ、でも、顔…（笑）。
サルに似てきた。人間から離れてきた。
ほっぺたこれ、人間のほっぺじゃない。
MONKEY. モンモンモン。

よこ、よく sleepy ねむないだけ。それ以外は
オールOKよ。あのとき…もだったA
なあ？あ、さえ、それなら、それから
Ooops!! そこに座ってくれ〜い
オレにもリモ、そして後モ〜〜とのと。
そこに座って くれ〜い！

9月18日(水)0:00

◯◯◯◯◯◯◯◯◯◯◯◯なるのが面白い。
あー、9月だー。早いな。
2019年も終わりに近づいてる。
ありません→イヤーくん。
東京オリンピックを市役所で大きなスクリーン
のTVで観んだ。MY DREAM
⑨ 未来どんだけ早かんないけど、
生きのばし…キャンプア代の面も、
コンサルト、もうのびません。ってんで
されちゃうだ。βエンジニア.H回美味っ!!

→ ある意味で、ここにいる人たちは
何か悪いことをして、神様（こ）に集められ
バチを与えられているんだと思う。

そういった自殺からすると、盗みなど重罪の
終身刑といったところなのだろうな？
酒、煙草、女…でも、そんなもんだ。
カスリ、人殺し、サギ　なんて　ないないない！

◎ 一般人がひとしては悪さ上位ではある
けんど、非人道的行為ということ
をあれば…うーん。男と女の関係
なんて、あんなもんだと思うし。　→

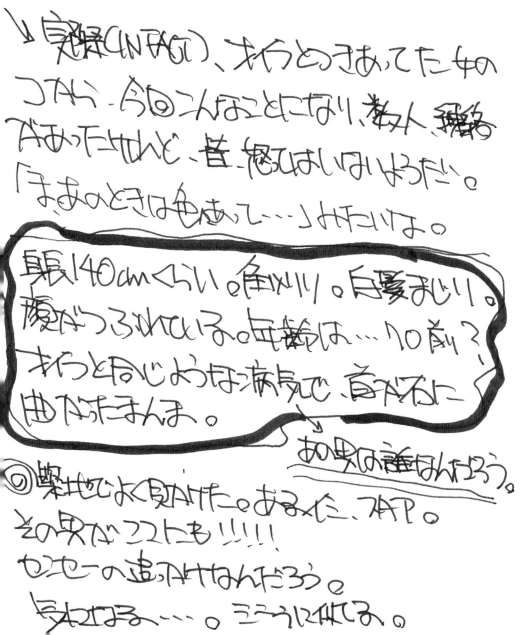

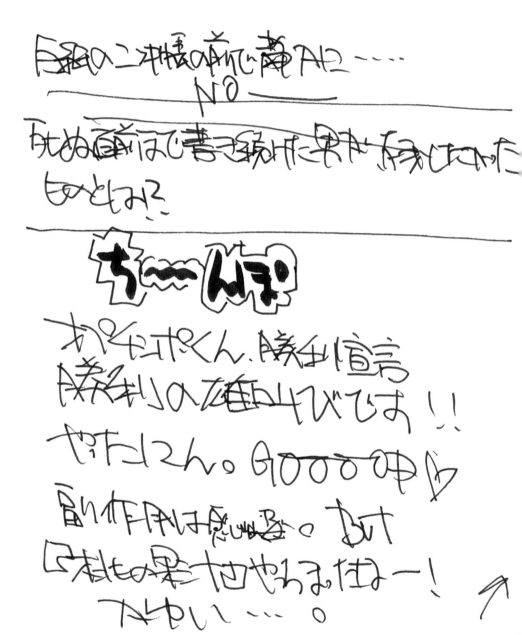

9/1(金)

迎えに来てもらい、退院。

ちと、顔右半分がむくみ、痛い。
さて、ゆるではおられんね〜。9月のSTART.
今夜、僕あと万歳して…とA
　　　ないけど(笑)。

　まやてせるね！オレらには気を
つけないといけないな。絶対ムリや
おるまね。おもろくて 修行できも
なら OKだけど…

・自殺し戻ってきた朝。

① もしも、もしもあのとき、病院に行って
「何もせない」という判断をしたのなら・・・

今頃、どうなってるんだろう？ → 生きてちゃん
死んでちゃったねこ？？

あんけない

甘くみてた。
考えてた。
ますね
こんな
迎えはどうなるとな・・・ぜんぜん

変わったら変わった。 甘

もせる私・・・
「さいごのばんごん」

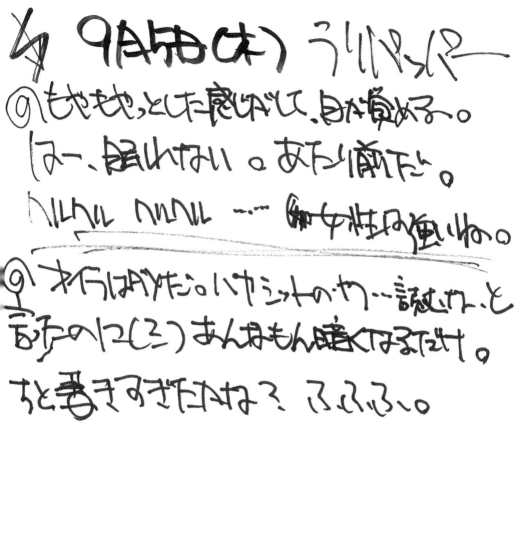

9月6日(金)

◎ 朝、右上半身こそ固まって痛いもの
調子は悪くない。目覚めて、れる。
とにかく治す。絶対すて治す！！！

―――――――――

◎ お風呂上がりにかけてだるくなる。
なんとなく、だるく＆しんどく。
But、生きのびる。生きのばす。

やけにならないことだね。それはない。

頼むよーっ、Please
　　おそーっか...。　　　↗

昨日、病院に行った。
やっぱ、ここがいいよ。∧∧
だったけんど お薬Taxいって せいたくだ。
でも、どうしようもなかった。
身体が弱っている。疲れがとれ
ない。ろうむ…。

これが、なんってやつかな？

国でセンセーは「△んできたじゃみい
ですね！小さくなってますよ!」と言った
お姉ね？自覚なし。でも、最後の
場所が場所だけに、、、ありがたい。

"だん"

これはもう ~~祝るしはない~~。小さくない
ますよーに。なくなりますよーに。と。
~~再院~~でも…~~完治~~。前向に&作る。

・~~甘晩飲んでいる~~お生漢方のおかげ
か？ ~~顔面~~が上半分のはれがひいてきた
さすがだな。合うおクスりって。合わない
とホントに意味はいけど。

↓

みんなが嘘をついているような気がする。
それは、おかしなことなんだけど。

「人情に金」愛じゃないの？ "嘘だ。

でも、どうしてもお金は必要だ。

◎ 息子の大腸くなくなんてない。
「小さくなってる」
怖いの一言だ・・・。

「 人込んでますよ！！ 」。

信じるしかない。

9/8(日) 36.6. はれ.

◎ 昨日の夜20:00～AM6:00くらい
まで寝てしまた。ガー。
でも、おかげで目覚めは良い。
熱も36、6度。

すいみんは足りているのだが…ジにて
…メシを食べれてない。困ったなあ

アイスでもプリンでも…何でもいいから
食べないと衰弱してしまう。

食え！イマー食え！！

9/11(水) am 1:42 入院(笑)

病院にいる方が安心できる。部屋だと
クスリ漬け。病院の手がしいやね。
ひとのすくみ…危ねー。息止まるとこだった。
場所は。ラッキーとしか言いようナシ。

でも、安心はかいてられない。
やばいよこれは。いろんなところに転移!!
Room のあしれは 大うつの古れ。。。
って、何を言ってるんだ？

↗

↓ 9.11（水）

.45
.36.5

「血管みたい」と言いながらもプスーッと。

病院にいるような うへな気がする。

◎なぜか両目が開けない。ハイキンのせいだとは思うのだけれど…。
今は左目のみで書いてる。
大きくと両目が閉じてしまう…

本、「進むな入院！とのこと。
ふうむ。でも、ないかも。

徹底的に！休む。みんながん！
①部屋にいる人は皆が、なんでいうのが
ないんだろう。今日になると、NORMALなん
と一緒にさがる。それがしんどい。

- - - - - - -

CTを撮った結果…

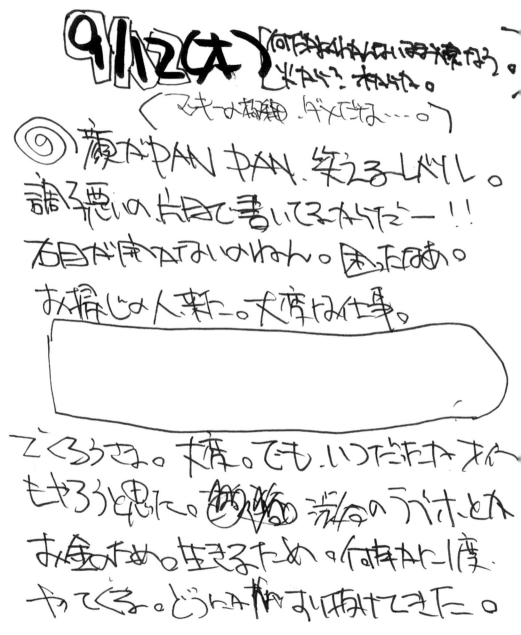

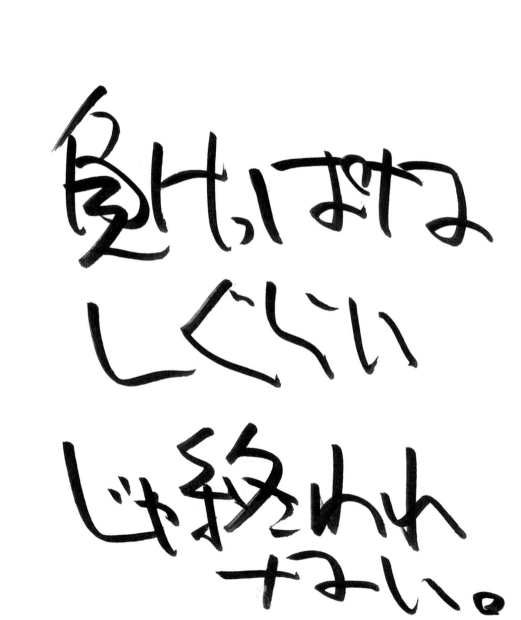

9/13(金)

嘘だろ!?〜!?又〜!?
A着てるもんな…44でも

Q. どんな夢を
みた…?

色も頭…出てる…
誕大のために用意されたんの

9/20(土) am1:切
14 35.1

ような9/20
だったら?

（大きな文字）写志園大博

大芽なんだろうな、あ◯くん
こんなとき、他のメンバーは
何を考えてんだろう?!?

何も考えないもんか。　↗

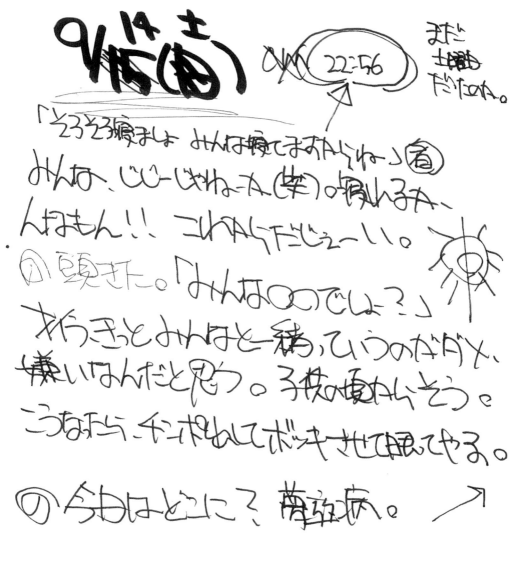

9/14(土)　22:56　まだ土曜だよね。

「そろそろ寝ましょ みんな寝てますからね♪」📷
みんな、じじーじゃねーよ(笑)。寝れるか、んなもん!! これからだじゅーい。
頭きた。「みんな○○でしょ?」
きっとみんなと一緒、ていうのがダメ、嫌いなんだと思う。子供の頃から そう。
こうなったら、チンポ舐めてボッキさせて寝てやる。

今日はどこにて 莆放床。　→

9/16(月) 老人の日 : 45.8 k
: 35.8 c

大変な1日になった。もう 何が何だか…

昨日のことか・今日のことか…

そもそも複数日だと思っていたのに…なぜか

9/24（火）

○ はあ。なんだかとんでもない１０日間くらいだった。

○ 今週末...ライブがなんとか。
たたまたはあ。とほほ。怖いなー。
もう不安なことだらけ。
むーん。困った。やれやれ。

2019年10月14日(月)

◎いろいろあった一。

ギスト…はめたな？ムリだわ。だん。

(はも出来ない。(待って…あいさ)。

[ベース弾く] 死。

やだよー。死にたくない。

◎だんだん先を描ける描けない。
大石由は生きる君？俺こんなことの
ために生きてきたの？

2019年10月8日（Tue）
am 5:50

○自分に出来ること…
忘れない！！

だから、オイ、
キセキをおこせよ

ギラギラのキセキを…
負けた…ことはない。

10/8(木)
●あと、14日—　!!

何かが出来るか考える。何をみればビックリ！するか。
ビックリ・ドキドキ・ワクワク…。

10/10
◎院内のコンピュータもひとりで行きゃ
ダメだって…何だそれ？　バカバカしい？
×

もう1日も早く退院したい
にしても毎日は中◯入ってる　ええ

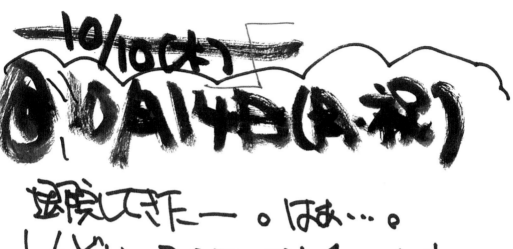

10/10(木)

10月14日(月・祝)

退院してきたー。はぁ…。
しんどい。つわまであと体一週間。
温泉どころじゃない。困った。

10/14(土・祝)

● 今はフェスのことは考えた
くない。10.22に向けて。
それだけ。20周年のFINISH↗
成功させるしかない。
10.22を終われば・・・。

10/18(金)

1年半ぶりに美容院。大事れ。

10/19(土)

◎ ~~□□□□~~ よるねむった。田中キャンプ。
まさにコレ!?
ろれ〜っと巻き上がってなんかスピー！だった。
スローモーションの角度。何度目だろう？

◎ おやくつおおってきた。正座。

10/24（木）

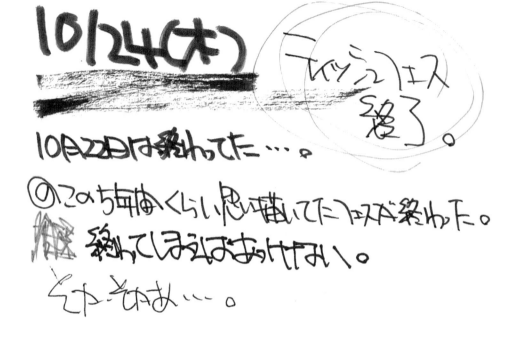

エイシュフェス
SFる。

10月22日は終わってた…。

◎こっち毎日ぬくらい思い描いてたフェスが終わった。
終わってしまえばあっけない。

とか、それも…。

何度もAの入院。単行本よLOFT's
まるちゃんありがと一。
○今度のがんがん割は 脱毛 。
ポイントが何の身体にはよいらしい。
いけなよぉ‥‥。

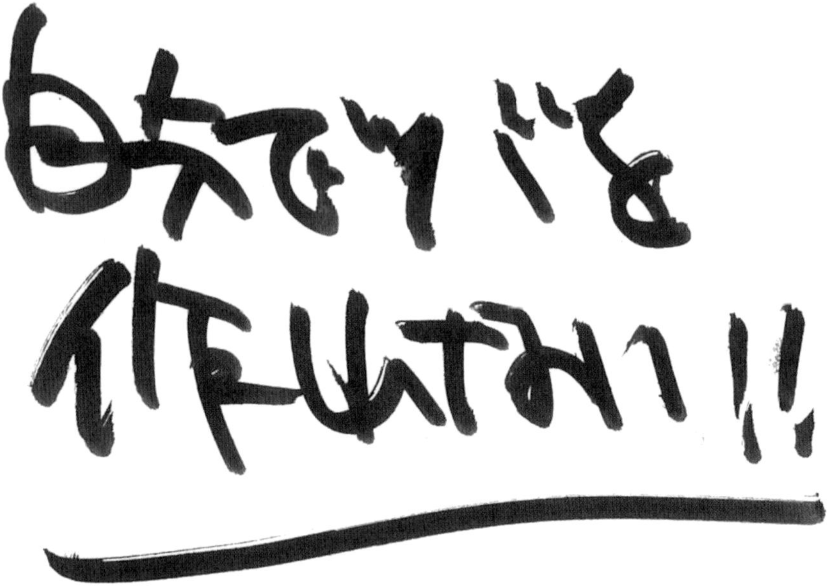

11月×日（木夜）　6

ボケてる

◎ この1週間も、ものすごくだるい。
エネが抜けてんのか…。

10/22（火）、あいかわらず朝つらい週間。
多少、チンとのロス感はあるけど、
これかほんとに、ハリがイマイチと合わ
ない気がする。これもバ×××かな。

◎ ちゃんと食べれない、寝れないのかな、
問題。普通の病人ごみたい。

◎ でも、看護師いらしい。
　病院やだ。

11/6(水)

◎ 片目生活が続いている。困っちゃうね。
おばんあい(パクリ) 1st season なう。
最作順スピード。ただ、補色だけは
<u>今のところ。おかしい、WHY？</u>

◎ HIROちゃんにやさしくしなきゃ、って思うのに
きつくあたっちゃう。子供じ…。

◎ 入院したくないんすよ。裄田はやだね。
健康がいちばん。スイスイ～とね

11/6 FES ね……

◎本番みたいなあ。みんなやりたがる〜。
わうはも終了。フェスは無理。
Aん患者にfesは向かなみい(笑)。

草むしり久しぶりに
楽しく。ごやべらが。

◎体重3のキログラム　505

つば 休みの
忘れてた（笑）。

◎たぶん、映画みくのね…
寝るとき ゲームみたいなもの を？
つなげたまま。ツバめな…
ゼリーム。…みたいなものとりた×か
て寝るはない。

まーあ、どうしてこうなっちゃたかなあ？
ムちゃんだよ。

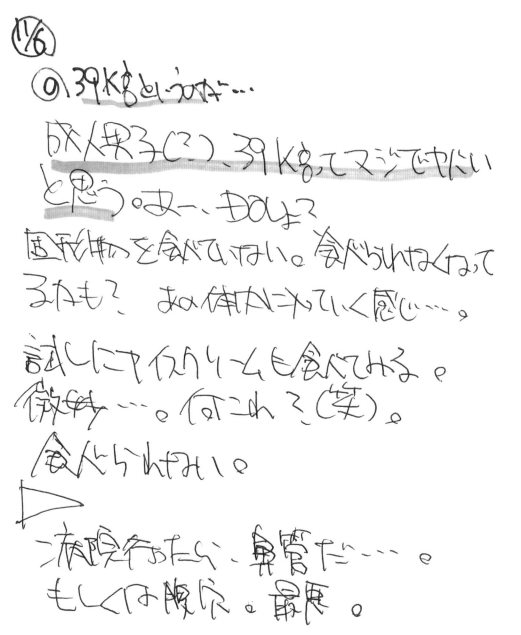

11/6

○ 39kgというのは…

成人男子(?)、39kgってマジでやばい
と思う。女、女の人も？
固形物を食べていない。食べられなくなって
るのかも？ あの体力に入れていく感じ…。

試しにアイスクリームも食べてみる。
微妙…。何これ？(笑)。
食べられない。

▷

病院行ったら、点管だ…。
もしくは腹腔。最悪。

ナースコール まゆ お前に

とけ 起きたの

プスメね みた （W）

けが 探られた

起きた

11/7（木）早単 ちちち

○でき5ちゃた。ポ（×）モンが□みてる。ひさしぶり。

11/10（日）病院

○ AAB. X股は来た。
やっぱダメ。でも、そんなこと言ってらんない。

11/13(水) PM9:00

「もう、もて何度も読んだ本ですよ」と。

いつも言われた。命の製品ありません。

◉ ジャニーさんやるしは欲しいのよ？

会いたいんよのやんて……。

何も考えず、

みおめたくんのりを前い。

11/14 (木)
_____

11/18 (月)

◎ 桂ひとというかてい〔…〕。
ぱっぱっこ〔…〕

◎ 病院がいい。看護師さんは
優しいし、可愛いいし、よくみてく
れるけど…今回はホワイトボード
内用して、文章で伝えたのはよかった。

KEN YOKOYAMA

あんね。クールだん

でもね、

スクイゼンなんだよ。

どうしてだろう？ あんけないけど゛
スクイゼンなんだけどなね。

カンソム AL散放区

イノマーを死ぬまで貫いた、イノマーの特殊な人生
～一番弟子だから書ける、イノマーの歴史～

1966年11月27日生まれ、本名は猪股昌也。東京都北区に生まれ、千葉県成田市に育ったイノマー。成績は良く、エロで明るくてシャイだけど目立ちたがりで、人気者で生徒会長を務めたこともあるという、大人になってからと何も変わらないキャラだった小中時代。初めてのオナニー体験は中1の頃で、おかずはコバルト文庫の恋愛小説「放課後の青春」。当時から活字に執着があったことが分かると同時に、オナマシのデビュー盤となるスプリットCD『放課後の性春』のタイトルのルーツが初オナニーのおかずだったことに驚かされる。

高校時代に人生の師と仰ぐビートたけしとザ・スターリンと出会い、お笑いとパンクロックの洗礼を受けたイノマー。1984年、駒澤大学法学部に入学し、東京・至天寺のさつき荘で一人暮らしを始める。大学時代はオナニーとライブハウス通いの日々に明け暮れ、自身もパンクバンドを結成。時代はインディーズブーム黎明期。1985年には"インディーズ御三家"と呼ばれた、ラフィンノーズ、ザ・ウィラード、有頂天を取り上げたNHK「インディーズの襲来」が放送されたり、その後の人生に多大な影響を与えるザ・ブルーハーツが結成されたりと、インディーズブームをど真ん中で食らったイノマーは、自身がバンドで成功することを諦め、シーンを盛り上げる音楽雑誌編集者の道を選ぶ。

童貞喪失は23歳。相手は後に最初の結婚（そして最初の離婚）をする女性。「あの頃は「SEXした相手とは結婚しなきゃいけない」と思い込んでた」と話してたが、童貞喪失が結婚の直接的な理由だったのかは定かでない。後にイノマーは童貞に悩む若者に「童貞は23歳まで捨てちゃいけない。なぜなら、俺が童貞を捨てたのが23歳だから」とむちゃくちゃな持論を説いていたが、その理由を「若い頃から簡単にSEXしてたら、青春の甘酸っぱい思い出もバカにする男になっちゃう」と語っていた。

1988年。大学を卒業したイノマーは、株式会社オリコンに入社。入社当初はマーケティング部に在籍し、チャート作成に勤しんでたイノマーは、インディーズ盤を取り扱うレコード店に自ら出向き、インディーズ盤の売上をチャート化した"インディーズランキング"を創設。その働きぶりや特異なキャラを当時の会長であった小池聰行に認められ、本人の強い希望もあって「オリコン・ウィークリー」編集部への部署移動を命じられる。

「オリコン・ウィークリー」では編集兼ライターとして、自身の得意とするインディーズロック、サブカルチャーの記事作りを担当。メジャー誌にはあり得ないぶっ飛んだ企画と、人懐っこい口語体をベースに、エロと笑いとマニアックさを多分に盛り込んだ独自の文体で業界内や読

者の人気と話題を集め、早々に副編集長へ昇格。さらに1995年には29歳の若さにして編集長に就任し、「音楽チャートさえ載ってれば、あとは何をやっても良い」というでたらめな理論と編集方針で、メジャー誌をイノマー色に染めていく。

取材時に井出らっきょ、江頭2:50と撮った全裸写真を誌面に掲載したり（全裸掲載事件）、週1〜2度しか家に帰れないためデスク横のダンボールハウスに住み、しびんにおしっこをして生活したり（社内ホームレス事件）、集荷に来たバイク便に全裸で対応して大問題になったり（全裸バイク便受け渡し事件）と、「イノマーだからしょうがない」と誰も怒らないのを良いことに、やりたい放題だった編集部時代。1995年には、「ライターを一生の職業にしようと決意した」と語る、ザ・ブルーハーツのベスト盤

『EAST WEST SIDE STORY』のライナーノーツを寄稿。バンドの歴史とザ・ブルーハーツへの熱い愛を綴ったこの文章でイノマーの名を知った人や、イノマーを好きになった人も多い。イノマーがその存在を誰よりも早く紹介し、その後にインディーズながらオリコン4位を記録したHi-STANDARDに熱狂していたのもこの頃。

さらに1995年には、11月に創刊した『インディーズマガジン』（リットーミュージック）の立ち上げに関わったり、『佐伯進とチャックのオールナイトニッポン』（ニッポン放送）にレギュラー出演したりと、オリコン社員ながらテレビやラジオへの出演やコラム執筆など、社外でも広く活動していたイノマー。余談だが、イノマーの一番弟子である僕がオリコンに入社し、イノマーと出会ったのが1996年。当時、編集長だったイノマーが面接官を務める集団面接で、「風俗行ったことある？」と聞かれたのが、イノマーとの初対面。なんでもない専門学校生だった僕を拾い上げてくれて、取材やラジオ収録など、あらゆる仕事に連れ回し、たくさんの貴重な体験をさせてくれたのは、僕にとって大きな財産とな

った。

オナニーマシーンの結成は1999年。取材で知り合ったコメディアンの桜金造に
バックバンドを頼まれ、8月にオノチン、ガンガンを誘い、"桜キンゾー with
ロックンロールオナニーマシーン" として初ライブ。12月に同バンドで3度目

のライブを行うも、方向性の不一致で
桜金造と別れ、オナニーマシーンとし
てステージに登場。『ティッシュタイム』
と名付けたイベントは、オナニーマ
シーン主催でその後も定期開催され、
2000年5月には氣志團、江頭2:50とも
共演。二人目の奥さんとなる女性と、
2度目の結婚をしたのもこの頃だっ
た。

2001年にはオナマシの代表曲「I LOVE オナニー」や「恋のABC」が収録された、
1stデモCD『みき17歳』をリリース。イノマーが最も愛した男・峯田和伸率いる、
GOING STEADYと出会ったのや、ただのアマチュアバンドだったサンボマスター
と出会ったのもこの頃。同年オリコンを退社したイノマーは、オフィス☆イノ

マーを設立。この頃から、ライターや編集者とし
て活躍しながら、バンドマンとしての活動もどん
どん本格化していく。

童貞、ポコチン、おまんこといった直接的な下ネ
タをパンクロックに乗せて歌う下品で奇特な音楽
性と、全裸で演奏したり、オナニーで使用済みの

ティッシュをフロアに撒いたりする過激なパフォーマンスがインディーズシーンで話題を集め、ライブの動員も少しずつ増えていったオナマシ。2002年にはロフトレコードより、1stアルバム『恋のABC』をリリースし、ロングセールスを記録。2ndアルバム『彼女ボシュー』は全国タワーレコードインディーズチャートで1位を獲得。時代は青春パンクブームど真ん中、自身が編集長を務める『STREET ROCK FILE』もバカ売れ。大学時代、インディーズブームど真ん中にいながらバンドマンの道を諦めたイノマーは、30代になってバンドマンとして仕掛け人として、青春パンクブームの中心にいた。

2003年、サンボマスターとのスプリットアルバム『放課後の性春』で、ソニーよりメジャーデビュー。イベントにも多数出演し、日比谷野外音楽堂や赤坂BLITZで行われたイベントで全裸になって、一発出禁を食らうなど、数々の伝説を残す。2004年には、『女の子』、『パンツの穴』、『片思ひ』とアルバム3枚をリリースしたりと、バンドマンとしての活動も順風満帆そうに見えたイノマーだったが、青春パンクブームの幕切れとともに、CDの売上やライブの動員が徐々に落ちていき、メジャーとの契約も切れ、バンド人気は下降気味。プライベートでも二人目の奥さんと離婚し、バツ2のイノマーは酒とオナニーに溺れていく。

2005年、念願叶って『素人お嬢さんに色々わがまま言ってオナニーさせてもらいました』でAV監督デビュー。撮影を終えて「SODはガチだったよ！」と嬉しそうに語るイノマーにサンプル盤をいただいたが、女の子のエッチなシーンの合間合間にイノマーがシコってる姿が映る同作品では、正直ヌケなかった。40歳となった2006年はライブアルバム『ティッシュタイム』、DVD『裸の大将～野に咲くバカのように～ オナマシ1999～2006』。2007年にはオリジナル・アルバム『義雄』をリリース。2008年には、9周年記念ベスト盤『オナニー大図鑑』をリリースと隔月開催の『ティッシュタイム』でライブを行いながら、作品もコンスタントにリリース。

しかし、この頃からイノマーは昼夜問わずに酒を飲み続けるようになり、いつ会っても酩酊状態。『週刊プレイボーイ』等でコラムを細々書いてはいたが、本業であったライターや雑誌編集の仕事は開店休業。オナマシとしてのバンド活動も、隔月開催だった『ティッシュタイム』が不定期開催になり、個人的にもイノマーと会う機会が減っていく。

オナマシ20周年記念DVD『おさるのパンク』のブックレットに掲載された、イノマーのラストインタビュー（インタビュアーは本人）で、「オイラは何をやってたんだろうな？　酒飲んでオナニーして、勝手に落ち込んで病院に行って。40代前半から中盤までという貴重な時間を無駄にしちゃったかなぁ」と語っているが、一番弟子としてズバリ言わせてもらうと、酒を飲むことで現実から目を背け、過去にすがり、自暴自棄な生活もまんざら悪くないと信じ込み、周りに迷惑と心配をかけ続けてた、あの頃のイノマーは最高にカッコ悪かったし、情けなくて見てられなかった。

常に酔ってて頭が回ってないから会話にならないし、喋っても呂律も回ってないし、おまけに虫歯で抜けて前歯も無い。今考えると、それでもイノマーのことを嫌いになりたくなかったし、尊敬する師匠でいて欲しいから、あえて距離を置いていたところもあったのだろう。2004年から亡くなる直前まで書き続けていた、ブログ『イノマーの♂ニッキンタマ』を読んで、「この人は今日も一日、家にいて酒飲んでテレビ見て、オナニーしてたんだろうな」と想像しては悲しい気分になっていた。

ちなみにイノマー没後、『家、ついて行ってイイですか？』に取材され、その愛情深さと献身ぶりに視聴者が感動した、内縁の妻・ヒロちゃんがイノマーと出会ったのが、2010年。付き合い始めたのは2015年で、本人いわく「イノマーはモテたから、順番待ちしてた」のだそう。「イノマーに彼女が出来た」と噂を聞いた時、「奇特な人がいるもんだ」と感心したが、イノマーがどんな状況にあろうとも決して見捨てることなく、最後まで看取ったヒロちゃんにはリスペクトしかない。

2008年7月、『ティッシュタイム』の出番直前に意識不明になり、救急車で運ばれたイノマー。診断結果は"パニック障害"。その後、突然訪れる痺れや痙攣に備え、ソラナックスという薬を常備して生活することになるのだが、薬を飲むのがイヤだったイノマーは、薬の代わりに焼酎を常備して、症状を麻痺させるという愚行に出る。寝てる時以外は酒を飲み続けるという狂った生活に、体が悲鳴を上げたのは2016年。お酒が飲めない時間が続くとアルコールの離脱症状で痙攣を起こして気絶してしまうという、アルコール依存症も末期の人に起こる症状で3度も救急車で運ばれ、ついに禁酒を決意する。

健康な心と体を取り戻すべく、お酒を断ったイノマー。禁断症状に苦しみながら少しずつ体調を取り戻し、2016年には9年ぶりのオリジナル・アルバム『冤罪』を完成。「2019年に、"オナマシ結成20周年"を記念したロックフェスを開催する！」と目標を立てて、出演希望者のライブに直接出向いて声がけをしたりと、具体的な行動を始めたのもこの頃。
2017年に神戸で開催されたガガガSP主催の『長田大行進曲』にヒロちゃんと出向いて、175RやSTANCE PUNKS、花団、eastern youth、四畳球なんて懐かしい仲間のライブを楽しみながら、旧交を温めていた姿が印象に残ってて、「アル中時代は絶対こんなことしなかったのに」と思ったのを覚えてる。

グダグダだったオナマシのライブも切れの良さを取り戻し、2017年11月からは「オナマシ20周年カウントダウンへの道程」と名付けたシリーズライブをスタート。第一弾には銀杏BOYZ（弾き語り）をゲストに迎え、超満員の観客を集める。いつも以上にバカバカしく、気合いの入ったオナマシのステージを見て、「俺たちの好きなイノマーが戻って来た！」と喜んでいたのだが——。
2018年7月、口腔底癌ステージ4の宣告を受ける。

LINEでイノマーから直接報告を受けた僕は、禁酒後のイキイキしたイノマーの姿を思い出して「なんて残酷なんだ」と落ち込んだ。「死なないで下さいね！」なんて軽口叩くのがやっとで、そこから数日はガッツリ落ち込んでいた。翌月、新宿で行われたイベントに出演予定だったオナマシを見に行くも、イノマーの体調不良でオナマシは欠席。イノマーが舌を切除して、今まで通り歌えなくなってしまうという話を聞き、「その前にライブやりましょうよ」とオノチンとガンガンに提案。９月の手術直前に『ティッシュタイム』を緊急開催することを決定。８月末、オナマシの聖地である渋谷ラママにて『"イノマー現形態"ラ

スト・ライブ』を敢行。オナマシのひとつの集大成と言えるライブを、超満員のファンの前で披露する。このライブの直前には20周年記念アルバム『オナニー・グラフィティ』のレコーディングも済ませており、まだ舌もあって絶好調ならぬ舌好調だった時の歌声を作品に残し、イノマーは舌を切除する。

術後の放射線治療の辛さや苦しさは、直筆の闘病記に詳しいが、シンドい治療を繰り返しながら、術後わずか３ヶ月後の12月には『イノマー＆ミネタのクリスマスショー』を開催。さらに2019年２月には『オナニー・グラフィティ』レコ発ツアーを大阪と東京で行うなど、精力的な活動を見せていたイノマーだったが、その先に待っていたのは、さらに過酷で残酷な現実だった。

2019年7月、口腔底癌の再発と転移の宣告を受ける。

10月の『オナマシ20周年特別企画「ティッシュタイム・フェスティバル」』を目前に控え、その準備に勤しんでいた矢先の再発宣告。それでも前に進むしかないイノマーは、フェスの準備を推し進めながら、同月に四星球、9月にHump Backを迎えて『ティッシュタイム』を開催。同9月末には峯田主催による、『GOD SAVE THE イノマー』も決行。オナマシの出演は無かったが、歌と笑いでエールを送る仲間たちのステージを嬉しそうに見守り、そのステージに自分が立てないことを悔やむイノマーの姿が印象的だった。

同年10月、ついに迎えた『ティッシュタイム・フェスティバル』当日。トップバッターで登場した銀杏BOYZがライブする、ステージ袖にイノマーはいた。イノマーの夢であり、癌治療に苦しみながらも、生きる上での最大のモチベーションになっていたフェスの開催。大好きな峯田のステージ上での勇姿を見届け、夢のフェスが超満員の観客を集めて、無事開催されたことを確認すると、イノマーは安堵の表情でゆっくりと楽屋に戻り、横になってぐったりしながらモニタを眺めていた。

ガガガSP、氣志團、サンボマスターが圧巻のステージで盛り上げ、いよいよ大トリとなるオナニーマシーンの登場。ライブに期待する観客の「イノマー！イノマー！」の声に少し生気を取り戻した感のあるイノマーは、車椅子でステージに登場。歓声に応えるように手を上げて車椅子を降りてベースを背負い、まさに生死と精子をかけた渾身のステージを披露。「ここで死んでも良い」と

本気で思う男が、本当の死ぬ気で挑んだライブをステージ袖で見守りながら、僕は溢れる涙が止まらなかった。

人生と命を懸けた『ティッシュタイム・フェスティバル』を大成功で終えたイノマーに再び訪れたのは、苦しい闘病生活。大仕事を終えたイノマーはみるみるやせ細って体が弱り、言葉を発することも困難になっていく。イノマーが亡くなる一週間前、申し合わせたわけでもなく、病室にオナニーメンバーやスタッフといった身内が一堂に会したことがあった。病室なのにワイワイと騒いで悪ふざけする僕たちを呆れたように見てたイノマーが満を持して発した言葉が、「帰れ〜〜！」のひと言。ゲラゲラ笑って、「また来るからね！」なんて言って。病室を後にした僕は、「なんだか最終回みたいだな」と思ってた。そして実際、それがイノマーから聞いた最後の言葉になってしまった。

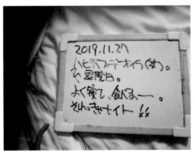

2019年12月19日、イノマー永眠。

イノマーが亡くなる8時間前、僕はイノマーの病室にいた。僕がお見舞いに訪ねると、大木温之（ピーズ）がいて、アコギでビートルズを奏でていた。しばらく一緒に見舞って、ハルさんが帰るというのでヒロちゃんが見送って。その間、イノマーさんと二人っきりになった僕。僕の口をついて出た言葉は、「イノマーさん、ありがとね」だった。

なんでもない専門学生だった僕を拾ってくれて、インタビューだけでない色んな仕事に連れ回してくれて。たくさんのバンドマンや関係者と知り合わせてくれて、オナマシでは普通は見れない景色をたくさん見せてくれて。イノマーが認めた唯一の弟子として、色んな体験をさせてくれて、その生き様を背中で見せてくれたおかげで、僕はいまもこうしてライターとして活動出来てるし、変わらずロックが大好きでいられてる。

僕は師匠になんの恩返しも出来なかったから、最後の最後までエロでバカでシャイで純粋なイノマーを貫いた、イノマーの特殊な人生をこれからも語り継いでいきたいと思ってる。イノマー、いつまでも超えることの出来ない、俺の人生の師匠でいて下さいね。

永遠のイノマーの一番弟子

『BAKA IS NOT DEAD!!』に寄せて

そういえば、と思ってLINEの検索窓に「イノマー」と入れた。出てくるのは『イノマーロックフェスティバル』『イノマー連動企画』『イノマーガン日誌（仮)』——グループラインの名前ばかりでイノマー本人がいない。Inomaだったっけ。いや、猪股だったか。あっ0721（オナニー）か。どれも違った。嫌な予感がして2019年のトークまでスクロールする。『メンバーがいません』という、跳ね除けるような表示が目に入る。

2019年11月26日
無名（21:35)
明日は退院（少年の絵文字)

上出（23:07)
遊び行きます（ハートの絵文字)

2019年11月27日
無名（4:54)
午前中にはドロン
12:00前

上出（8:00)
かしこまです！

2019年12月2日
無名（11:50)
都内なう

世田谷区？
サザエさん？
再度別病院なう

上出（12:03）
ニュー病院居心地いいですか？？

無名（12:08）
どこかわかるかなあ？（変な顔の絵文字）

上出（12:09）
ふふふ
すべての情報は漏れてますぞ！

無名（12:24）
アイスー（アイスクリームの絵文字）

上出（12:30）
ぬぬぬ！！！

無名（22:02）
（エガちゃんの「ありがとう」のスタンプ）

2019年12月3日
上出（11:34）
今日は空気がめちゃくちゃ綺麗なので、窓開けてくださいね！
（太陽の絵文字）

無名（11:46）
（猿のモンモンが浮き輪に浮いている絵文字）

無名（13：45）
窓開けにいけない

上出（13：46）
ナース！！

2020年10月9日
イノマーが退出しました（11：51）

そうか、退出って言うのか。味気ない響き。だけど、そんなものかもしれない
なとも思う。誰かがこの世界を退出していった。それだけのこと。
イノマーが亡くなったのは2019年12月19日2時50分。LINEのやりとりの大体二
週間後。その後は僕も概ね病室にいたからLINEをする必要もなかった。最期は
視力も意識もなくなっていったから、イノマーは携帯電話の画面を見ることも
できなかった。立ち上がることもままならず、言葉を喋ることもままならず、
食べ物を咀嚼することも飲み込むことも難しくなったイノマーは、潰した「ア
イスの実」ばかりを好んで食べた。ブドウ、桃、みかんにカフェオレ味など、
たくさんの種類があって助かった。イノマーが一番好きだったのはどれだっけ。
3年前の僕の記憶はだんだん曖昧になってきている。

実のところ、僕はこのガン日記への寄稿を何度も断っている。ヒロさんが序文
を書いて、峯田さんがあとがきを書いたらそれで十分だから。それなのに、編
集者の石原さんが偏執狂的に書け書けと言ってくるものだから、根負けして今
書いている。石原さんはああだこうだと最もらしいことを宣うが、僕はまだ自
分が書く意味を見出していない。
確かに僕はガン発症後のイノマーにひっついていた。カメラを回すのが目的だ
ったけれど、回さずただそばにいるだけの時間の方が長くなっていった。おし

っこの世話も着替えの手伝いもしたし、意識が戻らなくなったイノマーの目が乾くのを心配したロフトレコードのマルさんが良かれと思って差した目薬が〈超クール！強刺激！〉だったものだから、イノマーがもんどり打って意識を取り戻しかけたところも見ている。マルさんとヒロさんが責任をなすりつけ合おうとしたのも含めて、病室がコントの舞台みたいですごく面白かった。僕はあの目薬がイノマーにトドメを刺したと信じている。それから心臓が止まるその瞬間も、通夜も葬式も、ヒロさんと泊まり込んで全て見ている。とは言うものの、ヒロさんが寄稿するんだから僕が書くべきことなんてほとんどない。

僕がイノマーと出会ったのは、まだニキビに溺れそうになっていた中学3年生の時のこと。兄が持っていた『童貞たちのクリスマスイブ』のDVDをこっそり見て、そのいかがわしさに驚き、幼なじみに連れられ代々木公園のオナマシ無料ライブで実物を見て、客まで含めて全員がいかがわしいことを知り驚いた勢いでそのままのめり込んだ。組んだバンドに名前をつけてもらいたくてライブ後の出待ちをして、イノマーに授かったのが「タンポンズ」。僕の一度しかない青春時代が薄暗いものになった原因の一端はイノマーにある。その意味では僕に書けることも無くないけれど、でもやっぱり峯田さんがイノマーについて書く言葉さえあればそれで十分で、僕の出る幕はない。

では淡々とイノマーの解説でもしようかと思ったら、今度はフジジュンさんが熱っぽい文章を綴っているではないか。困り果てた。

だから僕は、ヒロさんについて、ヒロさんに向けて書こうと思う。これからも生きていくヒロさんに。

まず皆さんにご理解いただかなければならないのが、どこの誰よりイカれているのはヒロさんだという事実。だって、二人の奥さんに愛想を尽かされたロクデナシで、じゃあ舞台の上ではクールに決めているかと思えばオナニーオナニー叫び狂って全裸で出禁ばかり食らう男がイノマーだ。そのうえ洒落にならないレベルのアルコール依存。挙句の果ての末期ガン。僕だったら一週間で逃げ出すか、一ヶ月耐えた後にぶん殴っていると思う。だけどヒロさんはずっとそばにいた。並大抵のことではない。スゴイとか、偉いとか、そういうことではなくて、多分ちょっと変なんだと思う。そうじゃないと説明がつかない。加えて言えば、"類は友を呼ぶ"はどこまでも真実らしく、イノマーの周囲には信じられない奇行種が集っていた。正確に言うと、その中ではダントツでイノマー

がまともだった。せっかくだからイノマーと愉快な仲間たちのエピソードもいくつかここで披露したいところだけれど、突然訴えられたりしそうだからできない。そのレベルでヤバい人がイノマーの周りをがっしり固めているのだが、ヒロさんはそんな猛者たちと時間を共にし、時には手綱を握らされ、あるいは最も困難とされる「連絡係」を担ったりもしていた。そんなことができる人間はこの世界に二人といない。ヒロさん、あなただけだ。

イノマーの病床に顔を寄せるようにして眠るヒロさんの寝息が今も聞こえる。病気と薬の影響で妄想に囚われ、感情が抑えられなくなったイノマーに向き合い続けたヒロさんの目つきを忘れない。予告なしでやってくる、優しいけれど社会性を持ち合わせない革ジャン面会人たちに向けられるヒロさんの笑顔が、イノマーを取り巻く世界をいつも優しく照らしてくれた。心臓が止まり、アラームが鳴り響く病室で、突っ伏して泣くヒロさんはなぜか時計を確認した。そしてこちらに顔を向けると「2時50分」と言ってぐちゃぐちゃの顔で笑ってくれた。

優しくて、タフで、もちろん時には脆くて崩れ落ちそうで、それでもユーモアを忘れないヒロさん。あなたに救われた人がどれだけたくさんいることか。

そしてイノマーが退出していった少し寂しいこの世界で、ヒロさんの日々は続いていきます。嬉しいことも楽しいことも、悲しいことも苦しいこともあるでしょう。だけどきっと大丈夫。ヒロさんを助けてくれる人がたくさんいます。ヒロさんに助けられる人もたくさんいます。

だから大丈夫。

悲しい時は泣いて、楽しい時は笑って。

そうやって普通に生きていこう。

「人生に期待するな」ってあの人はいつも言っていたから。

なんでもない日々に乾杯しよう。

誰にもばれないように、隠した二階堂で。

あとがきにかえて

イノマーさんへ。イノマーさん。きこえますか。僕です。峯田です。カタカナの方がいいかなあ。はい。ミネタです。お元気でいますか。そっちは寒いですか。風邪とかひいてませんか。こっちはなんとか。心配しないで。別に普通です。ミチロウさんと一緒ですか。楽しくやれてますか。なんか、あとがきを頼まれてしまった。了承してしまった。で、こうやって文章を打っています。だけどいざ書こうとしたら何を書いていいかわかんなくて。未だにわかんなくて。イノマーさん書いてくれませんか。もう自分で書いてください。あなたの文章ってすごいからね。知ってました？　あなたの言葉ってすごいんだ。俺大好き。ホントに好き。かなわないって思う。だからどうしよっかなーと思っています。何書いたら喜んでくれるかなーと思っています。うーん。そうだなあ。

あ。今、自分の頭の中に声が聴こえた気がします。あなたの声。あなたの声かな。裸になれ、って。恥ずかしいなあ。裸になって書く、ってどういうことだろう。裸の言葉。わかんないや。宿題ですね。こうなったらとりあえず、イノマーさんの好きなところ100個書いてみることにします。ごめんなさい。僕の中でそういう結論になりました。これはきっと恥ずかしいだろうと思います。だけど恨まないでください。僕も恥ずかしいのです。んじゃ書いてみます。

イノマーさんの好きなところ。1.みんなにやさしい。2.僕にはもっとやさしい。3.人の悪口を言わない。4.僕より年上なのに全然偉そうにしない。5.他の人にも偉そうにしてるところ見たことない。6.世界中の何よりも女の子のことが好き。7.僕が高校生の時、あなたが編集してたインディーズマガジン創刊号の表紙がハイスタで、それを読んでハイスタもあなたの文章も大好きになった。8.どすけべなところ。9.ミチロウさんの話をする時に目が子供みたいにキラキラするところ。10.約束をやぶらない。11.ヌンチャクが解散した時のあなたのコラム。タイトル

は「ザーメンまみれの青春に」。12.お笑いの話をすると熱くなる。13.ビートたけ
しの話になるともっと熱くなる。14.高円寺に向かってる電車の中で、急に「ブル
ーハーツ、ハイスタ、次はミネタくんだよ」と言ってくれたこと。15.Tokyo FMで僕
たちふたりのラジオ番組を持たせてくれたこと。ノーギャラだったけど。16.ゴイ
ステが解散することを直接会って報告した時、何も言わないでくれたこと。その
あとのラジオ番組で町田康＋The Gloryの「どうにかなる」をかけてくれたこと。
17.何も言われないことで、ただ黙って話を聞いてもらえるだけで救われることが
あるのを教えてくれたこと。18.実はチンコが笑えるほど大きいところ。19.ヘケ
ケケケ！ と高い声で笑うところ。20.痒そうによく首を掻くところ。21.フィッシュマ
ンズの佐藤さんが亡くなった時のあなたの文章。22.吉祥寺に住んでた僕の彼
女の部屋のCDラックにオナマシの「恋のABC」をみつけて、それをあなたに報
告したらすごく顔を真っ赤にして嬉しそうだったところ。23.銀杏のメンバーひとり
ひとりにやさしくしてくれたこと。24.江口君や斎藤君含めた銀杏のスタッフみん
なにやさしくしてくれたこと。25.あなたの結婚パーティーに呼んでくれたこと。そ
こで氣志團とイースタン・ユースの凄い演奏をみれたこと。オナマシは全裸金粉
でライブやってた。26.その会場で泥酔状態のピーズのはるさんを紹介してくれ
たこと。27.オノチンさんを愛しているところ。28.ガンガンさんと話す時の真面目
な顔。29.僕が初めて映画に出演することになった時、下北沢の喫茶店で「ミネ
タくんならきっと大丈夫」と言ってくれたこと。30.僕が彼女と別れた時、夜遅くに
梅ヶ丘まで来てくれてどうでもいい話をしてくれたこと。

31.オナマシと一緒に渋谷ラママで合同企画「童貞たちのクリスマス・イブ」を
開催できたこと。打ち上げは毎回豪華な寿司とケーキが出てきて、周りの人た
ちもみんな楽しそうで、本当にあのイベントは楽しかった！ 32.2007年の「童ク
リ」、前夜に何者かにラママが灯油で放火されて開催中止になって、落ち込んで
る僕に電話をかけてくれたこと。33.僕の我儘に何も言わずに全部付き合ってく

れたこと。34.酒が飲めない自分ってもしかしてあなたにとって腹を割ってぶつかり合える相手じゃなかったかもしれないけど、それでも僕にとって心地よい場をいつも作ってくれていたこと。改めてありがとう。35.アトピー出ちゃうから肉が食べれないはずなのに、僕がすき焼き好きだって知ってて今半に行こうってよく誘ってくれたこと。36.行きつけだと言ってた高円寺の狭い天ぷら屋によく連れていってくれたこと。37.会うたびにいつも大量のAVをくれた。38.たまにTENGAもくれたこと。39.さいたまスーパーアリーナでグリーン・デイのジャパンツアーの前座をやった時、色んなことがあって僕は少し悔しい思いをしてたんだけど、観に来てくれてたあなたとクレイジーSKB社長が帰りの電車の中で泣けるぐらい励ましてくれたこと。40.童貞ソー・ヤングのライナーノーツを書いてくれたこと。41.童貞ソー・ヤングの最初のデモテープをずっと持っててくれたこと。42.浅草のヨシカミで高いステーキを奢ってくれたこと。43.オナマシのPVに出させてくれたこと。44.フジジュンさんの前だと心なしか男前になるところ。45.オナマシのマネージャーだった滑川君には少しだけ厳しかったけど結局許しちゃうところ。46.別れてしまった彼女のことを絶対に悪く言わないところ。47.自転車乗ってる時の後ろ姿。48.笑ってる時の顔。49.歌ってる時の顔。50.あなたが弾いてたベース。51.あなたの目つき。52.あなたの短パン姿。53.あなたが履いてたVANS。54.あなたの足の組み方。55.細いのにゴツゴツしてた指。56.煙草の煙の吐き方。57.さわったら少し冷たかった肌。58.取材してる時のICレコーダーの独特なボタンの押し方。59.あなたが書いたブルーハーツの「イースト・ウエスト・サイド・ストーリー」でのライナーノーツ。あんなライナーノーツ読んだことなかった。60.オリコンで書いてくれた僕らのイベント「東京初期衝動」のレビュー。あれで僕はバンドがんばろうって思ったんだ。61.あなたと本を2冊も出せたこと。62.大晦日の歌舞伎町で「すごいバンドいるんだよ」ってサンボマスターのメンバーを紹介してくれたこと。63.僕も好きだったガガガSPを特集で紹介してくれたこと。64.ずっとロックが好きだったところ。65.誕生日に毎年必ずおめでとうメールをく

れたこと。66.まだそこにいる、って思わせてくれるところ。67.メールを返せなくっても黙ってくれるところ。68.変態なようで変態じゃないところ。69.ずっと甘えさせてくれるところ。70.前にいるより隣りに来てくれるところ。71.あったかいところ。72.ごめんね、の言い方。73.ひろちゃんを大事におもっていたところ。74.ガンになってから、さらにかっこよくなっていったところ。75.病室で静かに歌った「夢で逢えたら」をニッコリ笑いながら聴いてくれてたこと。76.あの時抱きついてくれたこと。すっごく嬉しかったよ。77.死ぬもんかという意地。78.オナニーへの愛。79.小池社長への愛。80.オナマシのファンへの愛。81.バンドマンへの愛。82.芸人への愛。83.最後のライブのステージでの立ち方。84.男臭くないのに男らしいところ。85.だんだん最後はETそっくりになっていって可愛かったところ。86.そんな状態にも関わらず、結婚する江口君へ祝福メッセージを力の限りボードに書いてくれたこと。87.照れ隠しで下ネタを言っちゃうところ。88.江頭さん好きすぎて2時50分に逝っちゃったところ。89.この期に及んでこんな文章を書かせてくれるところ。90.ありがとうを受け取ってくれるところ。91.ごめんねを受けとめてくれるところ。92.クンニ。93.ひとめでわかる、あなたの手書き文字。94.あなたの歌詞。95.あなたのメロディー。96.一回だけ見たあなたの涙。97.クリスマスにみんなで見たチンポツリー。98.どうやっても嘘がつけないところ。99.あなたが言う「ミネタくん」。100.最後に聞いた声。

はああ。だめだ。いっぱいあるな。きついな。ごめんなさい。じゃあ最後に嫌いなところも少しだけ書くよ。嫌いなところなんて無いんだけどさ。無いんだけどそれだけじゃどんだけ愛してるかってことが伝わらないからさ。

んとね、あなたがキツかった時、もっと俺に声をかけてほしかった。弱っちーところ見せてほしかったよ。そんぐらい頼ってほしかった。このカッコつけ。自分ばっか。ずるい。バカバカバカ。バカバカ。でも、でもなー、でもあれだな。

俺も同じ立場だったら同じことやってるな、きっと。カッコつけてな。俺もおんなじだな。はあー嫌だ。
俺さ、あなたがいなくなっちゃってからさ、部屋の片付けが出来なくなっちゃった。変だよね。どうしてくれんだよー。ちきしょう。ひろちゃんもオノチンさんもガンガンさんも寂しいみたい。でもさ、でもさ、なんとかやるしかないよね。だからさ、見ててね。

峯田和伸